极简学理财

吕白 著

中国水利水电出版社
www.waterpub.com.cn
·北京·

内 容 提 要

这是一本帮助大众读者培养富人思维、增加创富技巧、管理收入，最终告别死工资、实现财富逆袭的极简实用理财书。

在本书中，作者结合大量案例和图表分析，从"富人思维""降低消费""投资变现""增加收入""规避风险"这五大方面系统地介绍了实现财富逆袭的基本逻辑，极简实用，通俗易懂，是一本完美契合当代"月光族"的通俗实用版的"暴富"之书，也是一本教给普通人早日实现财务自由和财富逆袭的理财宝典。

图书在版编目（CIP）数据

极简学理财 / 吕白著. -- 北京：中国水利水电出版社，2021.11
ISBN 978-7-5226-0193-9

Ⅰ.①极… Ⅱ.①吕… Ⅲ.①理财－通俗读物 Ⅳ.①F275.6-49

中国版本图书馆CIP数据核字（2021）第215683号

书　　名	极简学理财 JIJIAN XUE LICAI
作　　者	吕白　著
出版发行	中国水利水电出版社 （北京市海淀区玉渊潭南路1号D座　100038） 网址：www.waterpub.com.cn E-mail：sales@waterpub.com.cn 电话：（010）68367658（营销中心）
经　　售	北京科水图书销售中心（零售） 电话：（010）88383994、63202643、68545874 全国各地新华书店和相关出版物销售网点
排　　版	北京水利万物传媒有限公司
印　　刷	天津旭非印刷有限公司
规　　格	146mm×210mm　32开本　8.25印张　187千字
版　　次	2021年11月第1版　2021年11月第1次印刷
定　　价	52.00元

凡购买我社图书，如有缺页、倒页、脱页的，本社发行部负责调换
版权所有·侵权必究

作者序

19岁那年，因为风口和运气加持，我很快赚到了自己人生中的第一个100万。但因为没有理财意识，肆意购买奢侈品、混乱投资，不到一年我就挥霍一空甚至负债了。

从小有盈余到负债累累，在这整个过程中，我几乎把普通人最不应该犯的绝大部分错误都犯了一遍：

一、盲目消费

因为大学时期专注于赚钱，几乎没什么娱乐活动，所以当我忽然有钱以后，我开始疯狂地进行报复性消费。

不管需要不需要，苹果手机一出新品立刻就买：平板电脑、耳机、手表……甚至有个平板电脑我从购买到现在仅用了2次。为了证明自己有钱，我买了各种各样的奢侈品：裤子、外套、鞋，甚至袜子都要带奢侈品logo！是的，我变成了一个被logo全副武装的人。为了显得有面子,我每次去酒吧都开最大最靠前的卡座,一个月去4~5次,每次最少消费5000块钱。

二、从不存钱

当时我的人生信条就是"及时行乐",当时的"暴富",再加上信用卡等透支消费产品的便利,我提前体会到花钱的快乐,自此一发不可收拾。即使收入颇多,但也入不敷出,每次一发工资,我第一时间就是还信用卡,承受着高额的利息,因此负债累累。

三、买入大量负债

为了满足我的虚荣心,在明知自用车是负债的情况下,我把本来用于投资的钱提前取出,杀了"很多只下蛋的鸡",全款买了一辆宝马5系,保险、选配、税费、车牌……这些加起来一次性花费近50万。

四、跟风投资

当时我对理财没有任何认知,也没任何框架,总是盲目听从"内幕消息"买入股票、重仓某只股票。运气好的时候我挣了一笔便自诩为股神,后来越投越多,结果被一只股票套牢,最后割肉离场,赔上了大额资金。

五、追涨杀跌

因为没有财商认知体系框架，我跟风投资，基金涨的时候开始买入，基金跌的时候又忍不住止损抛出。别人疯狂时，我更疯狂；别人恐惧时，我更恐惧。最后，高位站岗，低位割肉，又亏了不少钱。

后来，我花了整整4年的时间把自己"治好"，我看了很多畅销世界各地的理财书，比如《小狗钱钱》《穷爸爸富爸爸》《财富自由之路》《滚雪球：巴菲特和他的财富人生》《百万富翁快车道》……不可否认，这些书都很经典，可它们的内容也相对深奥，所以我读的时候会时常思考：这些理念，这些方法，在国内适用吗？

我发现，这些书中的理论，有一些可以沿用，有一些需要结合具体的国情和时代调整后才能使用，还有一些因为文化和所处的环境的不同无法复制。

直到财商入门以后，我认识了很多理财专家，也采访了很多已经实现财富自由的朋友，我发现他们一部分人家底雄厚，从小具备很高的财商，用非常简单的话来说，当我还在玩泥巴时，别人已经在父母的指导下开始玩沙盘游戏、赚钱游戏了；当然，还有另一部分人，他们和我一样没有优秀的教育资源和背景，仅凭着对金钱的渴望、适当的机遇和正确的方法摸爬滚打走到现在这一步，我从他们身上找到了一些近乎相似的共性。

于是，我开始思考，关于赚钱，关于理财，有没有更适合普通人的通用的方法？如果小时候来不及，那么现在在二十几岁、三十几岁，我还能不能跑赢别人？

通过一步步的实操和反馈，我在研究了近百本理财书、采访了大量实现财富自由的朋友，并且通过多次实践并得出结论以后，我终于逐步摸索到了一套更适合自己的、同样也更适合我们国家普通人的极简理财的底层逻辑，我把它们概括成这4大能力。正是基于这4个方面的持续研究和投资，才让我在25岁的时候从负债累累的"月光"状态，变成了现在的有收入、有存款，甚至接近财富自由的程度。

能力一：提高收入

对绝大部分还在上班的人而言，你这一辈子拥有的全部财富就是你现在的时薪 × 工作时间，即：个人财富 = 时间 × 时薪。

你可能有疑问了："怎么可能？我的工资隔一段时间就会有涨幅啊！"别忘了，随着工资增长，你的花销也会增大。所以，如果你没把你自己的思维彻彻底底地升级，你未来能留下来的财富大概率就是"你现在的时薪 × 你能工作的时间"。

那么，思维怎么升级呢？这关乎两个方面，时薪和时间。

对绝大部分人而言，时薪的天花板有限，且提升难度较高，因为增加收入最核心的方式就是成为某个领域的专家，且你所拥有的这个能力是行业中的稀缺能力。

所以你要想法设法"偷"时间。

怎么偷呢？少干1份时间卖1次的事，比如上班工作其实就是将1份时间卖了1次。

多干1份时间卖多次的事，写作、演讲、拍视频这些都是一对多的事，你不用1对1地沟通就可以直接把你的思想同时出售给很多人，接收到你思想的人越多，你的收入就越会间接变多。

你要知道，有些人的24小时可能只有3小时的产出，可还有一些人，他们的24小时产出的是100小时甚至是1000小时。

学会将1份时间卖多次，你才能驾驭你的时间。

当然，你也可以选择创业当老板，买卖其他人的时间，让更多的人花更多的时间来帮你赚钱。

能力二：降低支出

发财的本质不是你赚多少钱，而是你能存下来多少钱，并且把它们用于投资，养足够多的"鸡"。但你不需要过苦行僧一样的生活，大幅度降低自己的生活品质很多人都做不到，也没必要。

首先，你可以统计自己的账单，统计出哪些非必要支出占大头，分清楚哪些是必要的，哪些是想要的。对于"想要的"，思考这部分钱能不能立即砍掉？如果砍不掉，接下来可以再用一些"断舍离"的方法舍去你的非必要支出。

对于必要支出，可以先定一个更高的欲望：我一直认为欲望无法被抵消，只能用更高的欲望去掩盖更低的欲望。如果你认为你一定要喝奶茶，这个需求不可削减，但是你又定了一个要做近视眼手术的目标，现在就差几千块钱，那么你喝奶茶的钱几乎立刻会省下来，为什么呢？因为你有了更大的欲望，有了比喝奶茶更想做的事。

对于砍不掉的支出，还可以用会员体系或者联名信用卡的方式来让钱花得更值，办会员的本质是，让你花9份的钱买到10份甚至11份的东西，换句话说，就是能让你花更少的钱享受1.5倍甚至更多倍的服务。

能力三：投资变现

学会用资产生钱，多买资产，少买负债，把你的钱多放在能给你挣钱的事情上，让钱生钱，让钱为你打工，穷人和富人最大的区别就是，穷人为钱打工，富人让钱给自己打工。

如果你有了一定的资产（大于100万元），可以通过资产配置，如投资信托和基金，或者投资一、二线城市的核心房产，达到年化收益率10%的稳健收益。

如果你没有很多资产，你可以适当提高自己的风险系数，在确定投资标的是安全的情况下，定下15%左右的收益目标，投资一些更新兴的行业基金或者股票。

能力四：降低风险

到了一定的岁数，你会发现你的抗风险能力极弱。

疾病、意外、失业，任何一个都是一下子就能把你拉下马的因素。

所以体检很重要，它能帮你提前发现疾病风险并用很少的钱去预防；所以保险也很重要，在你最不需要买保险的时候，一定要买，这样你才能在急需的时候用得上。别等到急需用到的时候再去买保险，因为那时高额的保费和你的身体状况可能会让你根本买不上保险。

越年轻的时候买保险越便宜，它可以让你花极少的钱撬动大十几万或者上百万的杠杆，来保障你的人生。

很多人讲财商，只是讲单一方面或几个方面，然而，这4大能力其实缺一不可，相互成就，少了1个，其他3个做得再好、再棒都没用。

这本书，我称其为一个"财务癌症患者"的自述，我会告诉大家，我是怎么把自己的财务一步步地从近乎患了不治之症的情况下解脱出来的。

极简学理财
Simple financial management

因为感受过不懂理财的痛苦，花大量的钱买过教训，所以本书和其他理财书的最大区别就是，在不降低你生活品质的情况下（绝大部分理财书是通过降低你的生活质量来达到省钱的目的），让你轻松理财。我用了最简单平实的语言和大量的实操自测表，讲述了朴素却有用的道理，能帮助读者快速搭建起整套的财商思维，力求做到人人都能看得懂、学得会、拿来即用。

最后用沃伦·巴菲特的一句话结尾："你一生能够积累多少财富，不取决于你能赚多少钱，而取决于你如何投资理财。钱找人胜过人找钱，要懂得让钱为你工作，而不是你为钱工作。"

祝你我早日实现财富自由。

吕白
胡润U30创业领袖、百夫长黑金卡持卡人

| 目 录 |
CONTENTS

PART 1
5种方法构建富人思维，摆脱穷忙恶循环

003- 清楚写下你未来三年想过的生活

016- 营造赚钱氛围，增强赚钱欲望

031- 尝试解决每一个阻碍你变富的小问题

040- 摒弃骨子里所有的穷人思维和习惯

050- 利用财富日记提炼专属于你的创富方法论

PART 2

5种花钱方式，在有限的收入里省出更多的钱

063— 统计账单，提高对花钱的敏感度

071— 4招断舍离，削减那些没必要的花销

085— 4个方法，把必须要花的钱降到最低

096— 2个窍门，1块钱也能当5块钱花

103— 强制和激励，轻松存钱的2个策略

PART 3

让钱为你工作——聪明人是怎样用钱赚钱的

109— 厘清资产和负债，不断买入资产，强制降低负债

122— 把自己所有的钱放进"4个账户"

130— "532止盈法"，大大降低投资中的风险

134— 人人都能躺赚的"631基金配置法"

142— 巧用复利，建立不怕裁员的"睡后收入"

PART 4
全民自媒体时代，人人都能靠流量赚钱

149- 提高时薪，做个有价值的厉害的人

154- 学会"偷时间"，将一份时间卖多次

160- 定位个人品牌，普通人也能用自己的优势赚钱

169- 投资自己，提高你的收入上限

181- 练就这3个能力，扩大你的自身影响力

194- 找到合适的平台，通过社交媒体实现流量变现

PART 5
3招规避潜在风险，牢牢守住你的小金库

207- 提前花小钱，省掉潜在的大笔支出

220- 重视疾病预防，及时改变危害你健康的坏习惯

239- 设置底线保障，最大限度地提高你的抗风险能力

PART 1

5种方法构建富人思维,摆脱穷忙恶循环

清楚写下你未来三年想过的生活

你未来3年想过什么样的生活？

你想赚到_____钱？

你想买一辆_____的车？

你想去_____（国家/地区/城市）旅行？

你想住在_____城市_____地段_____平方米的_____（别墅/大平层/公寓……）？

兔子对赚钱有非常强烈的欲望，但当我问她未来3年想要赚多少钱、过什么样的生活时，她思考了5秒，回答我："不知道，没想过具体要多少，反正就是要赚很多很多钱，让自己和家人过上很好的生活。"

我问她："那你怎么知道自己什么时候能赚到很多很多钱呢？你怎么验证自己有没有赚到足够多的钱呢？"

她支支吾吾，给了个答案："大概……100万？"这个答案像是在回答我，又像是在问她自己。"我有很多事情都需要钱，我也相信自己会赚到钱，但我确实从未想过自己到底要赚多少钱。"

我又将这个问题分别抛给了刚毕业的大学生小张和工作4年的职场人士王维。

小张是浪漫主义女青年，她靠做自媒体接过一些广告，大学就赚到了六位数的钱。当我问她想要赚多少钱时，她回答："足够自己花销、不会因为钱而影响自己的一些选择就好。"我说："这是所有人的理想，谁都不想为钱烦恼，但人的欲望是无穷的，你具体的赚钱目标是多少呢？"她说："可能够买一套房子？"

王维是来自小镇的"沪漂"青年，他的工作和生活都很不错，但提起赚钱目标，他依旧发出感慨："生活压力大得时常让人感到窒息，我已经工作4年了，身边很多朋友已经成家立业、结婚生娃，我要为买房子而奋斗，要为未来的彩礼钱而烦恼，要为父母的赡养而筹备……现实点儿说，我太需要钱了。"

想起以前，我也曾被生活裹挟着、追赶着，我们往往只知道自己要拥有很多很多钱，想要一夜暴富，但大多数人对钱并没有特别具体的认知，没有认真思考过如果有钱了要做什么，生活会因此发生什么实质性的改变。当钱不能和实质性的物质、服务挂钩的时候，我们就很容易把钱当作银行卡里的余额数字，所以，这世上的大部分人都只擅长想象自己会有钱，在想象中追求虚无缥缈的好生活,而不是真的一步一步地让自己去变得有钱。

因此,设立目标,将"很多很多钱"外化成"实际的财产"很重要,我曾在一张纸上认真地写着:

1. 我在未来3年内要赚到多少钱?

2. 我想买什么牌子的车?买哪一款车型、内饰怎么搭配?裸车加保险等需要多少钱?

3. 我想在一线城市买一套什么样的房子?自用还是投资?

4. 我可以去哪几个国家和城市旅行?

5. 我至少拥有了哪几件奢侈品?

设立具体的尽可能详细的目标。如果你的目标是三年内买一套房子,这还不够具体,因为这一套房子可以是一线城市的市中心大平层,也可以是五线小镇的温馨三居室,但它们的成本费用可就差了几十倍甚至上百倍,也许你付出50%的努力就能轻松拿下县城的小房子,但拼尽全力都不一定能完成一线城市的一套房子的首付。这样算来,三年挣的钱在20万~2000万元之间都能够实现"买一套房子"的目标,所以它就不具备实际指导意义。相反,如果定下"三年内买一套北京东五环60~70平方米大小的房子",这个目标就更具体,甚至有明确的标价存在:三年赚到200万元就能付得起首付了。

同理,你可以将自己的各方面需求都制定成明确的目标来完成,买车、买房、出国旅游、筹备婚礼、攒孩子的教育基金,等等。只有这么做,你才能知道你为什么要赚钱,才能知道你还需要多少钱,然后才能进一步明确目标实现路径。

事实证明,人类只有在面对具体问题时才会想出最有效的办法。

莱特兄弟在孩提时期就对机械和工具很感兴趣,他们会躺在草地上思考天空中的鸟儿为什么能飞,人类为什么不可以……但这似乎并没能得出结论,他们并不清楚要怎么做才能实现人类的飞行。

知道了兄弟二人想法的父亲,送给他们一个飞螺旋。借着橡皮筋的弹力,螺旋高高飞起又落下,对此,莱特兄弟立刻产生了强烈的好奇心。父亲告诉他们,这个飞螺旋其实就是仿照鸟儿的翅膀,向下拍打空气后获得上升的力。兄弟二人很开心,他们似乎找到了自己努力的方向:将之前"人怎么能飞"的问题,变成了"怎么仿照鸟儿设计一个机械,让机器带着人飞翔"。于是,他们开始研究老鹰的飞翔原理,并将这个原理与滑翔机结合,很快做出了第一代试验品。

试验品可以像风筝一样在空中停留,却没办法长久飞行。于是兄弟二人又想,鸟儿能飞是因为它在不断拍打翅膀,如果给机器加上动力系统,机器是不是也就能持续飞行了?带着这个明确的问题,莱特兄弟联系了工程师,在工程师的帮助下,他们做出了由发动机驱动螺旋桨来提供动力的第二代试验品——获得了持续动力的飞机显然能够飞得更久。此后依旧有无数的问题出现,但比起曾经

"人类如何飞翔"这个问题而言，好解决多了。面对后续出现的问题，莱特兄弟都一一找到了解决办法，最终，他们的飞机承载着两人在76米的高度飞行了1小时14分钟，也是从那时候开始，人类正式有了"飞机"这项发明，而这也在日后成了人类最常用的交通工具之一。

当然，在设定3年目标时，有些误区我们应该尽量避免。

目标误区：树立越高的目标越好

我问另一个朋友未来3年想赚多少钱，他说"先实现一个小目标——赚1个亿，能赚个1000万也行"，一问他现在收入多少——一年只能赚10万，理论而言，如果他要赚1000万则需要持续工作100年。如果他的认知、机遇、努力程度等都保持正常不变，这个目标对他而言就是非常不靠谱了。

在制定目标时，很多人都容易陷入这个误区：制定大目标，才能在接近大目标的路上不断实现小目标。比如你的任务是赚50万，你可以将目标定到500万，即便只完成1/10也能满足你的任务需求，然而这种方法容易让人丧失行动力。因为我们是在制定目标，而不是在白日做梦，目标和空想最大的差别就是需不需要考虑实际。目标能否实现有太多的实际因素影响着：能力、认知、机遇、努力，等等；但空想不需要，是完全零成本的，动动脑子一切都能在脑海中实现。

同在职场定业绩目标一样，你需要制定的是跳一跳就能够得着的目标，而非永远停留在脑海中的一个不切实际的念头。试想一下，如果你在公司负责招聘工作，正常情况下一年的目标是招聘100个人，结果领导让你定一个招到1万人的目标，那你百分之九十九会自暴自弃，因为你非常相信——这个目标有99.99999%的概率完不成。而这也是"OKR法"能被广泛推行的原因。

20世纪70年代，英特尔公司正从一家内存公司过渡到一家微处理器公司，需要员工专注于一系列优先事项来完成明确、可追踪、可实现的目标，因此，该公司CEO安迪·格罗及其管理团队创建了"OKR目标管理法"：O是正确目标（Objectives），K是关键（Key），R是结果（Results），"OKR"即目标与关键结果（Objectives & Key Results）。硅谷的"风投之王"约翰·杜尔非常崇尚OKR目标管理法，他认为"只有能激发人们追求卓越的渴望的目标，才能称得上真正的目标"。

像制定工作OKR一样制定你的赚钱"OKR"

目标（O）的内容是回答"What"的问题，需要清晰、客观、具体，比如"最近几年要赚很多钱"可以换成"三年拥有100万存款"；

目标（O）数量要明确，目标太多容易导致精力分散无法聚焦，你的核心目标（O）应该控制在5个以内；

关键结果（KR）要有可检验的客观标准，要可量化，结果导向而非动作导向，能够自己为自己打分。比如"帮助用户做好心理咨询从而赚钱"就不是一个好的KR，而"在年底前通过100个心理咨询个案赚到10万块钱"就是一个合格的KR，因为它以产出和结果为基础，能够直接评估目标结果是否达成。

所以，在赚钱这件事上，你一定要设定可以接近的、能让你产生感知和认知的具体目标，这样才有意义。如爱迪生所说"没有执行的愿景只是幻觉"，赚钱目标一旦距离现实太遥远，就会让我们丧失对目标、对金钱的感知，当你还在愁怎么赚50万时，却把目标设定为了赚500万，因为这时你完全不具备赚500万的能力，更不知道拥有500万的生活是什么样的，毫无疑问地，你会对目标无感，进而只会三天打鱼两天晒网。

乌克兰著名撑竿跳高运动员谢尔盖·布勃卡就是一位目标感极强的人，1981年时，他就以5.55米的高度一举拿下世界少年撑竿跳冠军，此后多次创造并刷新室内、室外撑竿跳高纪录，被誉为"跳高沙皇"，但比这个名号更加知名的称呼，是"一厘米王"。

原来，每次布勃卡参赛前给自己定的目标，都是比上一次多一厘米，而他在赛场上的表现也印证了这一点，即每次比赛都比之前跳的纪录高一厘米。这条原则一直坚持到他退役，1994年，在意大利举行的国际田径大赛上，在布勃卡完成自己的"退役一跳"

前，很多人都劝他："这次你一定要尽全力去跳，毕竟这是你运动生涯的最后一跳了，拿到一个好成绩圆满退役最要紧。"但布勃卡并不理会，依旧按照自己的"一厘米目标"完成最后一跳，并以6.14米的成绩刷新了室外撑竿跳高的世界纪录。

刷新世界纪录的同时，布勃卡的"一厘米目标"也引发了大家的关注与议论：有人认为布勃卡只是在做噱头，借此博眼球，增加关注度；有人说布勃卡是精于算计，明明能跳得更高，却为了每次都能拿到破纪录的奖金，才一次只高出一点点；更有人提到，布勃卡是能力不足，训练一年也只能提高几毫米的成绩，所以他不过是一直在给自己找借口罢了。

一时间众说纷纭，但布勃卡从不予以回应。直到他退役后任职国际奥委会运动员委员会主席后，他才揭开了谜底。"这些年来很多人都对我的'一厘米目标'不解，其实我是有自己的追求。因为'一厘米'是我力所能及的、通过努力就能实现的目标。苏格拉底有一句话叫：'一个个小的乐趣，加起来就是大的快乐，每天都能获得小的乐趣，那就将获得精彩美好的人生。'对我而言，超越目标就是我的小乐趣，这样的目标能够实现，我也愿意以目标为动力去努力；而如果我定了过高的目标，给我带来的是压力而非动力的时候，我可能都不愿意再继续奋斗，目标也就永远只是个难以实现的目标而已。我每破一次纪录，都是在超越之前的自己，都能够获得快乐的享受，能获得目标实现的满足感，这比拿多少奖金都更能使我快乐。"

当然,这并不是说我们只能给自己设定很小的目标,而是要在目标实现的时候注意汲取一点一滴的成就感,这样,当你在不断学习和进步时,你的目标就可能会被不断刷新,你就更容易朝着更高更好的方向去发展。

正确做法:盘点收入,树立合理目标

避开了"过高预期"这个陷阱,想要设置合理的目标,第一步该怎么做呢?首先,你要盘点自己当下的能力与收入水平,在此基础之上预测目标。

有一条公式可以帮助你盘点自己的收入:

你n年后能达成的愿望目标金额=你当前收入(税后到手的收入)×m×50%。这里的m,是一个基于现实情况得到的百分比数据,会根据目标设定的年限不同而有所变动。那为什么最后还要乘50%呢?是因为你每年最多能存下来50%的钱。

想要计算出你n年后的目标金额,可以见下表。

公式	n(目标年数)	m(对应百分比)
n年后目标钱数=当前收入×m×50%	3	3.64
	5	7.44
	10	21.66

各项解析

你n年后能达成的愿望目标金额：这条公式计算的是，一般情况下，你n年后所拥有的存款。

你当下收入：该项一般由"薪资＋副业收入"构成，请注意，一定要是稳定的、月均到手的收入，而且是税后到手收入。你的一些不稳定的、突如其来的金钱收入不计入其中，被扣税的部分也暂且不算，因为这部分并不是你实际到手可自由支配的资产。

变量m：将你的收入涨幅预估为年20%，即你第二年的收入是现在的120%，你第三年的收入是现在的120%的120%，以此类推计算你在n年时的收入，相加后得到这些年的收入总额。毫不夸张地说，对于大多数人来说，20%的涨幅已经远高于市场普通产品的年化收益，因为市场产品常规收益率在3%～6%，银保监会主席郭树清曾提过："收益率超过6%的就要打问号，超过8%的就很危险，10%以上就要准备损失全部本金。"人往往会低估自己，却高估理财投资，理财不一定能给你带来年化20%的收益率，可如果你善于理财并疯狂投资自己，那么你就有可能赚得每年20%的收益。

×50%：假设理想情况下，你每个月最多能存下收入的一半，这n年中你为了达成目标，将收入的一半都存了下来。

根据这条公式得出的结果就是你一定年限里能存下的钱。

例如：你现在税后年收入10万，第一年你能存5万；第二年你的收入涨到12万，你能存下6万；第三年你的收入涨到了14.4万，你能存下7.2万，三年总计能存下18.2万基金。而如果你的收入更高，一年有100万的税后收入，第二年你的收入涨到120万，第三年涨到144万，三年下来你就能存到182万作为目标的专款专项。

自测：我未来____年用于目标的"专款专项"有多少？				
你当前稳定的税后收入	n年后的收入	你的收益率	你能存下来的比例	你n年后可拥有的数额（W）
以税后收入10万、每个月能存50%为例	3年后	3.64	50%	18.2
	5年后	7.44		37.2
	10年后	21.66		108.3
你的收入____	3年后	3.64	____%	
	5年后	7.44		
	10年后	21.66		

依托你对收入的盘点，你可以制定一个更合理的目标，如果你发现3年后可以拥有20万，那你可以定一个比20万更高一些的目标，但一定不是100万或500万。

自测：我想清楚我未来3年想要过什么样的生活了吗？	
自测问题	我的回答
你想住多少平方米的房子？这所房子在哪个城市的大致什么地段？需要付多少钱？	
你想买一辆什么样的车？车的品牌、型号是什么？价位区间是多少？你打算怎么装饰？	
你想去哪里旅行？全程要住什么样的酒店？	
你有哪些很想做却很费钱的事情？	
为了变好看，你需要花钱做什么？（戴牙套？做近视眼手术？学化妆？学穿搭？健身？瑜伽？）	
为了变得更有才华，你需要花钱学什么？（学习外语？报名专业培训班？读书？加入顶级圈子？）	
为了提升能力技巧、打造自己的个人品牌，你可以花钱获得哪些知识和专业背书？	

本篇总结

1.明确目标：清楚写下你未来3年想过的生活，具体到你想买的车的品牌、型号、价位，想买的房子的城市、地段、户型、价位等。

2.目标误区：很多人以为树立越高的目标越好，其实这样做反而会让你离目标越来越远。

3.正确做法：盘点你的收入，你（3年/5年/10年）后的财富＝当前收入 ×m（3.64/7.44/21.66）× 50%，根据你得出的资金数额合理设定目标。

营造赚钱氛围，增强赚钱欲望

你之所以赚不到钱，是因为你对钱不够渴望，或者说你没有那么热爱钱！

你可能要反驳我了：笑话！我这么喜欢钱，这么努力赚钱，怎么会对钱没有渴望呢？不可能。

你真的喜欢钱吗？我觉得不够。如果你不相信，你就看一下我是怎么"渴望钱"的。

我的电脑密码、手机密码等所有的密码，都是"发财"的拼音或者含有"发财"的元素；

我床头对面的墙壁和我的电脑桌面都写着我3年后想达到的目标：年薪多少、开什么牌子的车、存款达到多少钱、住的房子有多大；

我在很多App上的英文名都是"rich"；

我养的宠物猫，我也给它取名"万贯"——家财万贯的"万贯"；

我车里放着招财猫，每天上班路上我都会听一些财富书的讲解；

日常吃饭、聊天、聚会，我都是在研究怎么赚钱；

甚至去玩桌游的时候，我都是玩财富沙盘的策略游戏……

我每天睡醒睁眼看到的第一幕，就是我3年后想要的具体的生活，开车的时候我听的是有关财富的音频或课程，到了公司，在电脑开机界面输入"facai"的密码，屏幕上再一次出现3年后想我要过的生活。我身边的环境，时时刻刻都在暗示我自己：要有钱、要过上自己想要的生活。

科学研究认为"人是唯一能接受暗示的动物"，《潜意识的力量》作者约瑟夫·墨菲坚信氛围的感染力，他会在每天放松心灵时反复对潜意识诉说自己的需求，告诉自己"我非常爱钱，我用钱时会很高兴，我希望我的钱还能多翻几倍再回到我的钱包里。钱真是个好东西……"

相信看到这里，你已经非常想要赚钱了，也制定好了目标，这就够了吗？

不！我曾经非常非常想赚钱，也给自己定了目标，会偶尔翻出来看看它们，但最后还是耐不住生活中各种各样的诱惑，总是在一段时间后才惊觉自己做的事偏离了本来的目标方向，再重新定目标，赚到钱又花在吃喝玩乐上，这样周而复始地循环着。

我当时很苦恼，却找不到很好的方法去解决，直到我参加了一个"大佬"云集的聚会，从他们身上我终于理解富豪之所以能成为富豪的原因——他们身处赚钱的氛围里，他们每时每刻、每分每秒都在谈钱！反观我自己，我并不在这样的氛围中，所以才会陷入"间歇性踌躇满志"的恶性循环中。

没有赚钱的氛围，没有足够的氛围影响力，那么一个人很难成功赚到钱和攒到钱。为此，我整理了以下四个步骤，让自己无时无刻不处在思考钱和追求钱的氛围中，无时无刻不追求我的目标。

构建氛围有四步：多看，多听，多感受，多输入。

第一，多看。确保生活中至少有三个地方能让你立刻想起目标：我要赚钱！我要实现目标！

容易忘记目标、迷失在当下的享受放纵中，很大原因是你很少看到自己的目标，三天不见你还记得，但三个月不见你就会慢慢淡忘。所以，多看看你自己的目标，让它们与你的生活紧密联系，无处不在。

要强化赚钱氛围感，就要像我正在做的一样，把你生活中最容易看到的东西、最常用的物品，都与赚钱紧密联系起来：

1.把电脑密码换成类似"facai（发财）+目标金额"这样的密码；

2.手机密码加上"8"的数字；

3.锁屏壁纸和聊天背景换成你的目标清单；

4.在你的工位贴上大大的、醒目的便笺：今天我赚钱了吗；

5.将目标可视化，转化为文字、图片或视频……

这是我从《小狗钱钱》里的"梦想相册"受到的启发，如果你想买房，你可以找到理想户型的房屋结构图，把它和你的目标清单放在一起；如果你想买车，你可以打印车型图片，或者购买一个按比例缩小的汽车模型，摆放在你每天都能看到的地方；如果你想去摩洛哥蓝色之城，那就把能反映它的异域色彩与人文风情的图片下载下来当电脑桌面……

请你自测：我都能在哪里看到我的目标呢？在"是"或"否"一栏打钩即可，最后比较一下哪里的"√"更多，然后开始调整，为自己构建最基础的赚钱氛围感。

自测：在我的生活中，钱是否无处不在？		
我在哪里能构建氛围？	是	否
你的手机/电脑桌面壁纸和钱相关吗？		
你的手机/电脑开机密码和钱有关吗？		
你的书桌/工位最显眼的地方放了你的梦想相册吗？		
你的床头或床对面的墙上贴了赚钱目标吗？		

第二，多听，进入到一个无时无刻不在谈钱的圈子，让你身边的人都在聊钱。

和什么样的人在一起，你就会成为什么样的人。美国商业哲学家吉米·罗恩有一个"五人平均值"理论：你最常接触的五个人平均起来就是你自己，而这也可以预测你的未来会如何！吉米只与赢家为伍，喜欢经常性地问自己：我每天跟谁在一起？他们对我的影响是正面的还是负面的？

如果你在一个大家都不想谈钱、甚至谈钱色变的圈子里，本就对金钱欲望不够强烈的你会很快就会被环境所改变，变成和这个圈子里的众人一样不再谈钱，甚至羞于谈钱。当你意识到自己正处在这样的环境时，请及时抽身，找到更愿意带你一起赚钱的圈子。因为也许曾经和你一起吃喝玩乐、无心谈钱的人，是个有足够的积蓄过完一生的富二代，又或者是个甘愿平庸一生的普通人，而你却没有可供自己挥霍的资本。

曾在网上爆火的聚在一起只聊怎么赚钱的女孩，就是积极上进的圈子代表：

某微博大V带了十几个女性朋友到酒吧玩，结果当一部分女孩聚在一起开始聊八卦、谈情感、哪里好吃、哪里好玩时，另一部分女孩很吃惊地问："你们出来就只聊这些？"

大V回答，不知道别人怎么怎么样，但自己和姐妹们出来聚会就是聊八卦，"你们几个出来玩都聊什么？"

那几个女孩正襟危坐："赚钱。"

"我们的话题通常都是：'你最近在怎么赚钱''你朋友都怎么赚钱''你听说了吗，×××在哪里赚到了钱，×××在哪里赚钱失败了，×××在哪里买的房子升值了，我们也攒钱交个首付一起赚钱！'……"

这时，女孩的闹钟响了，她说："不好意思，你们聊，我看一下美股！"

"我今天的基金收益过一会儿也能看了，激动啊！"

大V把这件事写到了网上，直呼：我也想有人和我聊赚钱！

大家相聚时不聊娱乐八卦，而是专注事业，只关心最近赚了多少钱以及怎么赚到更多的钱，这样怎么会赚不到钱呢？

斯坦福大学教授马克·格兰诺维特曾做过一项研究，研究结果显示：帮助大多数美国人找到工作的人，往往与受帮助者并非亲朋好友、至亲至爱，而大多数是社交圈里的点赞之交、一面之缘的人们。然而在普通人的社交圈层中，每个人接触最频繁的是自己的亲人、同学、朋友、同事，这是一种有着情感依赖基础的稳定的关系，我们称之为"强关系"；同时，在社交圈层还存在与之相比更加广泛且浅显的社交，称之为"弱关系"。简单来说，你的朋友于你而言是强关系，你朋友的朋友于你而言就是弱关系。

这就是由格兰诺维特提出的"强关系与弱关系理论"。强弱关系除了亲疏有所不同外，还有一个很明显的差异：强关系同质化，弱关系多样化。强关系中的人总是相互影响，大家的认知水平和思维差距更加趋同，这映射在现实世界就是物质水平的差异不会非常大；弱关系则会有更多的差异，在弱关系的交际圈里，能够发现不同思维、不同收入甚至不同年龄层级间的差异。根据弱联系理论，一个人在社会上获得机会的多少，与他的社交网络结构很有关系。

如果你只待在强关系的"舒适圈"内，过度依赖强关系的社交，只跟现在的亲朋好友交往，或者认识的人都是与自己背景相似的人、少有大作为的成功人士，聚会交谈内容大多是家长里短、鸡毛蒜皮，都是些含金量不够高的信息交流，那你各方面将很难有大的突破，这也很难为你带来财富。

相反，很多有钱人在变得有钱之前，就意识到要注重发展弱关系的社交，他们会花大量的时间、精力进入并维护一个总在赚钱的"弱关系圈"。因为他们知道强关系虽然稳固，但弱关系却能把不同的社交圈子连接起来，从圈外为自己提供有用的信息、资源或渠道。进入到这个圈子里后你就会发现，圈内很多人都具有获取财富的意识与能力，在这个圈子里，不会有人羞于谈钱，大家聚在一起都是在交流生意经、分享资源信息、探讨商业价值、寻求致富之道。

这也是国内外很多企业家、有钱有事业的人都很喜欢去读MBA的原因，在那里，除了能更系统地学习商业知识，还能进入到一个大家都在致力赚钱的圈子里，在这里的每个人都在想着赚钱，都在分享和吸收对赚钱的认知。他们不吝于每年花几十万块钱去链接更高级的"生意圈"，是因为进入这样的圈子后，他们收获的价值至少是付出的几十倍、几百倍。

正如《增广贤文》中所言，"穷在闹市无人问，富在深山有远亲"，想要变富，就要先进到一个聊钱的圈子里，多听听身边人都在聊什么和有钱相关的事情，甚至可以听一些财经频道以引导自己进入赚钱的氛围——和富人一样每时每分每秒都在谈钱。让你的生活充满钱，这样做能给你足够强的心理暗示：我会赚钱，我能赚到钱，我正在思考怎么赚钱。在这样的圈子里，想不富都难。

自测：在我的生活中，我是否经常听到有人在谈钱		
我在哪里能听到有人谈钱？	是	否
你会羞于谈钱吗？你身边的朋友会羞于谈钱吗？		
你和朋友聚会时会聊赚钱吗？占比多少？		
你身边最常交往的5个朋友，是很有欲望并时刻在谈钱的人吗？		
你每天会看到/听到与赚钱、理财相关的视频/音频吗？占比多少？		
你会让自己有意识去参加高端活动吗？频率如何？		

第三，多感受，提前享受实现目标的乐趣，让快感不断刺激你努力赚钱。

我在定了买房子的目标后，就很喜欢关注一些楼盘信息，并且实地看房，我去看过很多样板间，将自己脑海中幻想住进房子的感觉先真实地体验了一把：

站在临江的三居室里，透过180度落地窗鸟瞰整个江景；

在房间内走一圈，清晨在江边晨光中醒来，到开放式厨房中冲一杯手磨咖啡；

走进书房开启一天的办公，在这里我要安装一个特别的书架，摆上我自己出版的书和荣誉奖章；

我甚至还会观察地板，想好了之后买什么地毯，买什么牌子的扫地机器人……

买车也是一样，我看中一款车会提前试驾，我记得我第一次试驾一辆宝马：

销售先带着我开了一圈，我坐在副驾驶上听他介绍车的配置哪里好，今年销量多少；

接着，他把车停到一旁，打开车门，用手护着车顶请我上驾驶座试驾；

系好安全带，背靠真皮座椅，手握方向盘，方向盘正中间还有宝马图标，我第一次感受到坐在驾驶位的视野如此开阔；

轻踩离合器，宝马在路上行驶起来，按下左转向灯，朝马路中间开去，在销售员的指导下我逐渐加速，初次体验到一种推背感，车开起来很轻盈，窗外的风吹过脸庞，我心想，这就是我年少时梦想要拥有的一台车，今天我得到了！

此后，这些感觉一直存储于我的记忆里，当我在追逐目标的道路上跑到筋疲力尽时，我就会想起曾经体验时的感受，并在脑海中再享受一次，强化自己的目标感，也有了动力坚持下去。

而且，我还一直和销售员保持联系。很多人喜欢屏蔽销售员，觉得销售顾问发的刷屏广告无趣又烦人，我却不这么认为，相反，我感谢他们帮助我构建了赚钱的氛围，能让我每天反复看到自己的目标，他们反复在提醒我：北京五环的新楼盘开了，市区有套二手学区房正在低价转售，下个月4S店又来几款新车，上月报名的健身学员上课1个月练出了腹肌……

第四，多输入，确保你能有充分的底气谈钱、赚钱，让自己能足够自信：我在赚钱！我能赚钱！

曾有网友分享自己对金钱的态度："我是一个羞于谈钱的人。和熟人谈钱，我会觉得自己势利；和老板谈钱，我又认为自己目光短浅；和陌生人谈钱，我更担心初次见面别人会不会觉得我太肤浅。"

这是一种很普遍的现象，一个人不敢谈钱，究其原因，也是因为没有足够的底气谈钱，因为他自己不够了解如何赚钱，因为在比自己更厉害的人面前，他肚子里的"墨水"不够，没有足够的认知和阅历支撑他谈钱，没有实力自然也就没有底气，即使佯装出很懂的样子，也会被真正有见地的人一眼拆穿。

北宋著名的文学家、书画家苏东坡之所以能够成为一代大家，与他一生都不断输入知识、不断产出作品是分不开的。尤其是在苏东坡年轻时发生的一件事，更是给他带来了一生的追求。

苏东坡少时聪颖，自幼聪慧过人，少年时便博览群书，在众人的恭维中他开始觉得自己真的无所不能，于是便题了一副对联挂在书房门外，上书"识遍天下字，读尽人间书"。这副对联很快传到了众人耳中，一天，一位老叟举着一本破旧的书来找苏东坡，说是特意登门拜访来向苏公子求教的。苏东坡不以为意，随手接过书，打开后却惊讶地发现，这本书他不仅没看过，书上的字他大多也难以辨认。

苏东坡羞愧万分，当场给老叟作揖致歉："是小生狂妄了。"并提笔改掉了门上的对联，自此对联的内容变成了：发奋识遍天下字，立志读尽人间书。这件事对苏东坡来说是不小的打击，自此以后，苏东坡坚持学习，不停地输入新的知识，同时也一直在写文章，坚持输出自己的观点内容，慢慢地，志同道合的人都争相来和他讨论观点、吟诗作对，他在文学、书画方面的造诣也被更多的人看到了。

没有底气，就要通过多学习来充实自己。解决自己不敢谈钱的问题也是一样，需要大量输入你的专业领域知识和其他认知，内化为己用。输入的过程，就是大量吸收知识、建立思维体系的过程，你可以多看各类理财书籍、相关资讯、名人讲座，从零开始学一个新领域的内容。对财富的知识与认知就像是一张大网，缺少知识的时候，这张网就像"皇帝的新装"一样虚无缥缈，用不存在的网去捞财富这条"大鱼"，自然是没有底气能抓住的。财商知识的输入过程就像是制作编网的线，不同的知识构成了一根根独立的丝线，这是串起整张大网的先决条件，但这些还不足以形成一张紧密结实的大网。

即使我们已经获得了线，编成了网，可现在却是一张松松垮垮、网眼大小不均的渔网，这样的一张网很难帮我们捕捉到品相优良的大鱼。也就是说，一味输入并不能完全解决问题，还要加深对这些输入的知识的理解。正如《富爸爸穷爸爸》里的戴尔金字塔模型一样，靠听和读接收到的有效内容是最少的，只有10%左右，只有将这些东西说出来、做下去，才能在实践中获得近90%的真正的知识。在输入之后，尝试多输出，向身边人分享你的新认知，在社交媒体平台记录下学习点滴，甚至写一本书，这些动作都能帮助你储备知识量，让你具备敢于谈钱的勇气和信心。这样下来，这张捕捉财富大鱼的网，才会在实践中变得更紧密、更结实，用这张网才有捞到财富大鱼的勇气，这样在其他人面前，才有谈论捕鱼心得的底气。

学习金字塔		
两周后我们还能记住多少		参与程度
说过和做过的还能记住90%	实战	主动
	模拟	
	做一次令人印象深刻的报告	
说过的还能记住70%	发表一次演讲	
	参与讨论	
听过和看过的还能记住50%	现场观摩	被动
	观看演示	
	看展览、观看演示	
	看视频	
看过的还能记住30%	看图片	
听过的还能记住20%	听演讲	
读过的还能记住10%	阅读	

自测：在我的生活中，我是否有足够的谈钱底气		
我是否有足够的谈钱底气？	是	否
你是否敢和人谈钱？		
你是否会在谈钱时退缩，总是妥协于对方？		
你是否有明确的赚钱的想法，并且可以给其他人阐述清楚？		
你是否对自己熟知的领域有足够的自信？		
你是否正在大量输入和输出知识？		

不要小看氛围的力量，不只是赚钱，生活中很多方面都会有"氛围感"的存在。

有一次我参加大学同学的婚礼。从婚礼筹备，张灯结彩、分发喜帖，到参加婚礼，觥筹交错、祝福满堂，我进入到结婚的氛围感中，结婚前一晚的单身夜，兄弟们聊的都是和结婚相关的话题。

身为双方好友，我见证了新郎新娘从校服走到婚纱，看着婚礼上的VCR播放着他们从恋爱点滴到决定携手相伴一生的片段，很难不动容。尤其是当我接到捧花，被周围人半起哄半祝福的那一刻，我非常向往结婚。但其实，我平时是对婚姻无感的人，结婚对我而言是很遥远的事情。可正是这种三句话不离婚礼的氛围，才带给我想结婚的冲动。

再比如高考氛围，高考前的你会随时随地看到和"高考"相关的字眼：学校会不停地组织周考、月考、联考，老师张口闭口都在谈高考必考题型；黑板上、楼梯走廊上永远贴着高考倒计时；同学们做着模拟题，课桌上还贴着心仪院校的图片……那时，你的生活仿佛只剩下了高考这一件事，你几乎所有的精力都放在了备战高考上。

试想一下，如果不是这种种氛围的力量，我想要结婚的念头根本不会出现，学生高考前的学习劲头也会少一大半。同理，如果赚钱也没有一个良好的氛围，那你又怎么能赚大钱呢？

艾默生说："当一个人知道他的目标取向，这世界是会为他开路的。"当你有了明确的金钱目标，并不断增强你对目标的感受度时，你离它们也就更近了一步。

本篇总结

你之所以赚不到钱，是因为你对钱不够渴望，或者说你没有那么热爱钱，你可以像我一样做以下四步，构建你的赚钱氛围，增强你的赚钱欲望。

第一步，多看，把你的电脑密码、屏幕，手机密码、锁屏，社交媒体聊天背景等换成和钱有关的数字或图片，把你的目标打印成照片贴在你的床头、工位……确保你的生活中至少有三个地方能让你立刻想起目标。

第二步，多听，可以付费购买一些财富音频产品，付费进入一个无时无刻不在谈钱的圈子，多参加和赚钱有关的聚会和项目，注重高质量的弱关系社交，当你身边的人都在谈钱，你就能获得更多与财富相关的认知、信息与渠道资源。

第三步，多感受，提前享受实现目标的乐趣，多看几个楼盘和样板房，提早去4S店试驾，感受开车给你带来的快感，加销售员微信并开放其朋友圈权限，请允许销售员一直活跃在你的朋友圈，他们能给你制造"焦虑"，帮你营造赚钱的氛围。

第四步，多输入，让自己成为一个有"墨水"的人，多输入一些干货，不管是否与财富有关，你要确保你和别人聊天时能有谈资，你能在合作时有充分的底气谈钱、赚钱。

尝试解决每一个阻碍你变富的小问题

富人思维和穷人思维最大的差别在于如何正确思考问题。

"富人"喜欢用疑问句,困难于他们而言是挑战,问题会启发他们思考:"这个东西这么贵,我要怎么才能买到?"

"穷人"喜欢用陈述句,困难于他们而言是退缩,面对问题,他们更多的是下定义:"这个东西太贵了,我买不起。"

陈飞今年专科毕业,本来计划考专升本的考试,却被家里一些意外耽误了。他自己也很头疼,虽然学了三年计算机专业,但基本没有实践过,更没有拿得出手的简历,专升本困难,求职就更困难了。

于是,陈飞瞄准了市场上的培训机构,费用不到两万块钱,培训几个月出来就可以有能力求职。陈飞出身于一个小县城的普通家庭,母亲又在生病治疗,这笔费用对他本不富裕的家庭来讲无疑是雪上加霜，陈飞思虑了很久，犹豫是否要延时报名，是否要靠贷款来付学费，终于，他找到了在北京工作的表姐，向她求助。

表姐告诉他一定不要贷款，不要负债，如果认准了这件事有价值，那么家里可以一起想办法解决。陈飞叹了叹气："我本想出来赚点钱，让我妈有钱看病，让我弟弟有钱读书，我本不想靠家里的亲戚资助，没想到最后还是要靠家里。"

"那怎么赚钱才可以实现你这个目标呢？"表姐问。

"这……我暂时想不出来，实践是检验真理的唯一标准，可我一点儿这方面的经验都没有，我唯一能想到的就是希望通过培训能让我先找到好点儿的工作。"

"你看，你希望自己多赚钱，不想靠家里，但是事实是你现在还没有任何赚钱经验。"表姐接着说了一句彻底改变他思维的话，"钱真的不是最重要的，重点是你自己到底想做什么。你不知道自己到底想做什么，这就是目前在你身上存在的问题，我希望你别让它成为你长期的问题。"

陈飞好奇自己应该怎么做，表姐顿了顿："哪怕在我们很穷的时候，也一定要有富人思维，要懂得像富人一样去思考。富人在面对一个很贵的东西时，想的是'我有没有必要拥有它'，如果真的想要，接着会思考'我怎么做才能拥有它'。而穷人面对同样的情况则会立刻下定义：'这个东西很贵，我买不起。'这就是富人思维和穷人思维的差别。"

和表姐沟通过后,陈飞受到了一些启发,他开始思考自己如何去攒第一笔学费。最后,陈飞和家里沟通,筹到了一些钱,表姐也出手了几个闲置物品,帮他凑了一部分,不到一天,学费就凑齐了,也几乎没有影响他们原本的生活质量。"其实,我们报名的学费,就是用了富人思维,不断去思考怎么才能付得起,办法自然就来了。"

自测:我在用什么思维面对问题?(在下侧打钩)		
自测问题	我会用疑问句思考如何做到	我会用陈述句下定义然后暂停思考
当遇到一件超出经济能力但很想要的非必需品时		
当遇到一件超出经济能力但很想要的必需品时		
当想要买一套超出经济能力50%的房子时		

我也来自小镇,上大学时家里破产,对钱的极大欲望导致我成了一个目标感非常强的人。

大一时,当身边同学都甘愿以后找个留在本地、月薪几千就满足的工作时,我问自己:"你能不能月薪过万?"为了找到月薪过万的工作,我研究了很多师兄、师姐的简历,终于在十几份月薪过万的简历中找到了最大的共性:他们几乎都从事新媒体工作。于是，我开始逐步接触新媒体。

大二时，我看到小部分家境不错的同学每天的穿着打扮都很时髦，他们也有资源和人脉进行创业，于是我又问自己："你怎么才能更有钱？"后来，我和师兄、同学合伙创业成立了一家公司，这给我带来了自己人生的第一桶金。

大三，当我决定来北京实习时，我身上的钱几乎都被挥霍光了，大学室友打趣我："没钱还去什么北京啊？"我笑着和他碰了碰杯："一定要去，没钱更要去，我会想办法让自己有钱的。"

如果你甘于屈服于现实，因为诸多现实因素放弃更好的选择，而不是去思考怎么解决这些拦路虎、怎么找到其他的路径实现目标，那么你将注定一生平凡。

我很喜欢《当幸福来敲门》，这是一部非常经典的人生传记励志电影，豆瓣评分高达9.1分。电影的主人公原型是克里斯·加德纳，美国著名商人、投资家，他从小家境贫寒，颠沛流离。

1981年，27岁的克里斯·加德纳还在任职医疗物资推销员，一天，他在旧金山停车场看到一辆非常华丽的红色法拉利，车主是一位成功人士，克里斯对他说："我想请你回答我两个问题：你做什么工作才拥有这么多钱的？你是怎样做到的？"对方自称是股票经纪人，并指了指眼前的大厦，说自己月薪高达8万美元，比克里斯的年薪还要多一倍。

克里斯又问："股票经纪人需要很高的学历才能做吗？""不

用，只要你精通数字和懂得为人处事就可以。"先生说完，拍拍克里斯的肩膀走进了大厦。克里斯抬头看向大厦，再环顾四周的上班族，发现他们脸上都洋溢着笑容。

克里斯知道做什么工作能致富后，决定转行，结果他与妻子起了争执，后来又因交不起罚款入狱，妻子离去，克里斯和儿子流浪街头，廉价旅馆、车站厕所、街边天桥，任何地方都成为过他们的栖身之地。但克里斯从未放弃，他先是成为目标公司的实习生，接着又凭借自己的努力和天赋争取到了唯一的转正名额。"我不要似是而非的人生，我要自己做的每一件事都刻骨铭心。"他每天学习像富人同事们一样思考，最后终于等到了幸福来敲门。

真正能成功的人，往往都具备目标拆解的思维，他们思考问题向来都是：我该怎么做？我缺什么东西？我应该怎么尽力做到？

下面，让我们一起学习和富人一样思考。设想，如果你想在北京买房，应该怎么办？

第一，思考问题，把它变成更具体的疑问句。

如果你现在没有能力买房，那你可以给自己定一个时间，现在买不起房，能不能在三年后买得起？因此，你可以把问题变成这样一个更具体的疑问句：我应该怎么在三年内在北京买到一套房子？

第二，思考解决方案，明确你现在缺哪些东西。

我们拆解"在北京买房"这个问题，你需要了解这些信息——

你需要了解房屋信息：房子的市场价，在哪个地段买房，买二手学区房还是五环外的新房，怎么样找到高性价比的房子……

然后，你要了解购房资格：国家是否有什么政策，你需要满足什么购房条件……

最后，你再计算一下资金：首付比例多少，选择什么样的贷款合适，现在还缺多少钱，怎么赚到这些钱……

这些要素你不一定能同时解决，但你可以尝试解决其中的某几项。

第三，动用你的一切资源，思考并开始尝试解决这些小问题。

思考你身边有哪些人脉可以帮你一起想办法。比如房屋信息，你可以去售楼部看几套房子，让销售人员给你介绍房型、地段和房价，还可以加一些销售员的微信，和他们处好关系，一般销售人员能最早拿到高性价比房子的信息，如果你们关系好，他会多帮你留意。

在官网、平台了解购房政策。当然，你也可以让销售员给你介绍，或者是咨询一些正在购房或已经购房的朋友，除了常规的购房资格外，看是否有什么方面是可以放宽要求的。

估算你还需要多少钱，假如房价上千万，第一套房首付可能只需要300万，那么如果你还有首套购房资格，就应该把这个福利留给北京这样的大城市，而不要想着在老家先买个房子，否则你接下来在北京买房会很吃亏。基于首付金额，还可以往前推算你需要在三年内攒够300万，你需要想办法赚更多的钱，然后需要存钱，需要理财投资，还需要能抗住意外的风险。

慢慢地把这些问题解决掉，你就能逐渐实现目标。

刘哥就是这么做的。他是一名销售员，很早就立下了买房的目标，但他想要靠月收入买房至少得存够10年，同事嘲笑他："别痴心妄想了，在北京挣点钱回家娶个媳妇得了。"于是他攒了一个局，邀请了几位朋友给他出谋划策，我说："你既然有销售经验，为什么不去房产行业做销售员呢？"

三年过去，刘哥已经买了房，他就是按前文讲过的路径来思考的。首先，他抱着坚定的买房信念去房地产公司应聘销售，三年时间里，他掌握了很多销售方法，了解了很多购房政策，他的工作群里每天都会收到全国同事分享的一些房子信息，因此他能了解到一些高性价比的房源。然后，又因为是房地产内部员工，可以享受购房优惠，所以他很快实现了自己的购房梦想。

和富人一样思考，面对困难不断向自己提疑问句——先分析问题，之后得出一个解决方案，分析这个解决方案需要什么东西，问题可以如何被拆解，然后思考如何达到。

自测：我该怎么用富人思维思考现在的问题？	
自测问题	我的回答
你现在遇到了什么需要和钱有关/用钱解决的难题？	
你完全解决这个问题/实现这个目标需要多长时间？	
这个问题可以被如何解决？	
你有哪些人脉资源可以帮助你一起想办法？	
你是否可以通过出售自己的时间/技能来解决其中一部分钱？	
你是否可以通过出售闲置物品来解决其中一部分钱？	

本篇总结

1.富人思维和穷人思维最大的差别在于如何正确思考问题。"富人"喜欢用疑问句，他们擅长反复拆解问题，启发自己"这个东西这么贵，我要怎么才能买到？""穷人"喜欢用陈述句，他们总是在问题面前退缩，直接下定义"这个东西太贵了，我买不起"。

2.如何像富人一样思考？

第一，把阻力换成疑问句：当你遇到困难时，要学会思考问题，把它变成更具体的疑问句，如：把"我要买房"换成"我应该怎么在三年内在北京五环内买到一套房子？"

第二，分析并思考解决方案：得出一套详细的解决方案，明确你现在缺哪些东西（信息、资金、人脉、资源等），不用担心这些问题现在能不能被解决，先列出来，先让自己看到需要解决什么。

第三，尝试解决每一个小问题：动用你的一切资源，思考并尝试解决这些小问题，每解决一个问题都是在逐渐接近目标。

摒弃骨子里所有的穷人思维和习惯

除了以上所讲的拆解目标外,想要变富,想要实现财产的增长,想要改变现在的状态、迎接更好的自己,你还需要检测自己:我和富人之间的差距到底在哪儿?有什么是我们想的不一样的?有什么是他们知道但我不清楚的?我该怎么做出调整和改进?

富人和穷人的区别就在于:穷人认命,富人不认命。穷人经常会想:我这辈子就这样了,我不配过上好日子。而富人天生有一种信念支撑自己,他们足够自信,他们认为:我一定会变得非常有钱,虽然我现在还不够有钱,但总能找到方法的。

如果你想变富,你就要把你骨子里所有的穷人思维、穷人习惯像刮骨疗伤一样全部根除。先成为自信的人,然后你会发现赚钱很容易。如果你一直畏畏缩缩,那你大概率不会成为有钱人,因为你会觉得赚钱很难,这样别人也很难信任你,也就不会为你买单。

《异类》的作者格拉德威尔通过观察无数成功人士,得出这样的结论：出生早的孩子更容易成功。也就是说，假如你在某年的11月份出生，那你就不能跟同龄人一起上学，只能顺延到下一届。但正因为你比别人早发育了好几个月，于是你小时候长得比别人更高大、头脑比别人更敏锐，你也因此会更容易比别人自信。当你在成长时期有了自信，你就会更容易得到正反馈，并把这份自信不断累积下去。

我一直对自己满怀信心，而且并不是在有了一些成就之后才变得自信，而是在一无所有时我就非常自信。

我刚来北京时，因为没什么钱，所以只能住青年旅舍。当时那家青年旅舍一个月的住宿费用标准是：下铺800块钱，上铺750块钱。就为了省50块钱，我选择了住上铺，但即便在那段我连50块钱都掏不出来的时期，我也坚信我将来一定能干成一番大事。因为我觉得像"写不出文章""做不出业绩""其他人都比我厉害"这些，其实都只是小小的烦恼，我坚信我将来一定会反超他们。

我的自信是从哪里来的呢，是盲目自信吗？不是的，我出身普通家庭，放养式长大，曾经也不够自信，但我有三个方法可以帮助自己快速建立自信，尤其是每踏入一个新领域时，这三招都特别好用。

第一，建立一个记录自己成就的文档或文件夹。

我的前同事特别有意思，为了缓解不断被毙稿的崩溃感，她专门建了一个文件夹，叫"存在的意义"。这个文件夹里放满了别人夸她的截图，每当她怀疑人生的时候，每当她落魄无助到极点的时候，她都会怀疑自己是不是一个失败者，是不是注定要穷一生……但当她回过神来意识到自己产生了这些颓废的想法时，就会立刻去看看"存在的意义"。

"这些东西能帮我找回自信，只要我有一点儿想要认命的念头时，它们都会站出来告诉我：你很棒，你能走到这里已经很辛苦、很了不起了，别认命！"

记得前几年有一部爆款电影《哪吒》，当时多个社交平台全部被"我命由我不由天"刷屏，但2021年又有一个词"躺平"火了，大家纷纷喊"不要内卷，要躺平！"其实，喊这些口号的大部分都是同一拨人，所以，真正坚信"我命由我不由天"的人真的少之又少。

学习前同事的做法，我也创建了一个文件夹，里面记录着这样一些东西：

读者加我微信后很长的一段"表白"；

以前做公众号时在后台获得的留言；

前同事离职后留给我的一张明信片；

我在外做分享时收回来的问卷调查里的暖心文字；

我在新书签售发布会上的大合照……

只要我开始自我怀疑时，我就会打开这个文件夹，告诉自己：你被这个世界爱着，你被那么多人看好，加油！

第二，立刻行动，完成每一件小事，在小事中寻求正反馈。

穷人总是空想，富人总是立刻去干。如我们前面所讲，具备"富人思维"的人通常具备逆向思维，他们会从目标出发倒推自己所需要的资金和资源，思考每一步应该怎么做，从而达成目标。而在这其中，快速行动、不断优化，就是他们成功的秘诀。

电影《社交网络》改编自本·麦兹里奇的小说《偶然的亿万富翁：Facebook的创立，一个关于性、金钱、天才和背叛的故事》，它讲述了扎克伯格创立Facebook的故事。其实，Facebook最初的整套架构设想并不是扎克伯格想出来的，而是温克莱沃斯兄弟。这对双胞胎兄弟曾邀请扎克伯格加入团队，共同建立一个社交网站，并在见面时向他介绍了一套完整的想法，扎克伯格认为这太精彩了，可以马上行动！然而这对双胞胎兄弟却说："我们再想想。"

扎克伯格没有浪费这个好点子，他回到宿舍后便开始和室友爱德华多·萨维林尝试建立自己的社交网站，写代码，到处找朋友和高人请教，甚至开始考虑拉人投资的事情。当他的项目干得热火朝天时，温克莱沃斯兄弟还在酒吧喝酒、准备皮划艇赛……直到Facebook真正崛起，这对兄弟才意识到自己错过了一个致富的机会，最后还跟扎克伯格打了一场官司。

你行动的速度决定你是否会真的有钱。很多成功的项目都来源于一个很小的点子，光拥有一个创意并不算特别，把创意执行起来你才有可能成功。

我个人就很喜欢从每一件小事中获得正反馈，给自己信心。比如写一篇稿子，哪怕只是做到了按时完成，我也会觉得自己很棒；如果有读者给我反馈、点赞、评论，那我就觉得自己更棒了。于是，我会更有动力去完成，更有热情去把一篇稿子写成爆款。

通过完成一件又一件的小事，我逐渐累积起了强大的心理暗示：我是无所不能的，我可以特别厉害。哪怕遇到人生中艰难和失意的时刻，我也相信这些困难只是暂时的，我依然可以成就伟业。因为相信，所以看见。

如何培养自己立刻行动的习惯？

首先，快速执行。逼问自己这件事24小时内能不能做完？如果不能做完，能不能在24小时内开始做？如果24小时不能，那48小时呢？ 72小时呢？你需要不断压缩自己立刻行动的时间，尽可能少地告诉自己"这件事很重要，我要想一想，我要准备"，你应该告诉自己："嘿，这件事有一定的难度，但是我可以先这么做，再那么做，今天就能开始干起来！"

然后，给自己设定时间线，寻找正反馈。行动之后快速调整方案，在过程中追求极致，追求完美。如果没有正反馈，就及时止损，不要在一件不适合你的事情上浪费时间。

永远不要先想再做，因为真正有效的是在行动中迭代和成长，时间不会给你太多等待的机会。2012年的微信公众号、2018年的短视频App、2020年的直播风口、2021年的视频号，每一个风口来临，赢的人都是能快速行动的人。

自测：我在行动吗？	
自测问题	我的回答
你现在想到了什么样的赚钱好主意？	
你已经在为这件事行动了吗？	
如果还没行动，你认为有什么阻力？	
这些阻力应该被怎么解决？	
你能在一天内就把这些事推进吗？	
你需要在多长时间内完成这件事？	

第三，除了心理暗示，我还会阅读名人传记。

很多伟人一生都会遇到诸多挫折，起起落落，当我真正意识到伟人也会经历各种磨难、内心也有煎熬和动摇的时候，我的内心开始变得平和。

为了追求财富，我会将名人传记进行筛选，集中精力大量阅读与富人赚钱有关的传记，比如与巴菲特有关的《滚雪球》和《巴菲特传》，查理·芒格的《穷查理宝典》。当你去研究、学习成功人士们发家致富的历史时，你会看到他们身上那注定会引领他们走向成功的品质。

首先，他们的自我认知非常清晰，都认为自己只是一个普通人。绝大部分人想要有所进步的时候，一定要做到的第一点就是：接受自己是个普通人的事实，放下现阶段的骄傲与成就，承认自己过去的所有收获都是靠运气获得的，找到行业内顶尖的人士去学一些底层逻辑，这样很快你就会迎来一个更大的舞台。

我认识很多年少有为的年轻人，但他们的成就都像昙花一现，慢慢被时代抛下，就是因为他们在自己小有成就之后就不愿意清空自己，守着自己那有运气成分在内的成就，故步自封。正是因为看到了这些人走向失败的经历以及名人传记里富豪成长的经历，我才每年都定期清空自己，以刷新自己的认知。就像我最开始投资时，短期内就拿到了将近70%的收益率，当时很飘飘然，甚至开始看不上巴菲特20%的年化收益率。直到我把这些钱全都赔掉之后，我才理解了巴菲特能够封神的原因：他能够坚持几十年都达到20%的收益率，但我只能达到一瞬间70%的收益率，之后就一路赔本，更何况，我还是脱离了本金谈收益率。这让我开始意识到自己并不是"股神"，并不是"天才"，只是一个不会投资的普通人，于是我开始虔诚地拜读巴菲特的一些投资的理念与文字，那段时期才是我进步最快的阶段。

其次，他们都有至少一个好习惯，并能把习惯坚持下去，知行合一。

投资公司蓝宝石基金的掌门人盖伊·斯皮尔，学业优秀，毕业于牛津大学和哈佛大学。他的人生可以说是受到了《巴菲特传》的重要影响。本就优秀的盖伊·斯皮尔读了巴菲特传记后对巴菲特的价值投资理念吸引，他"跟风"巴菲特做了很多改变：每当巴菲特买了什么股票，他就会研究巴菲特为什么买这些公司、这些公司有什么价值；巴菲特的公司不在华尔街，而是在远离纽约的奥马哈，于是盖伊·斯皮尔也将公司搬到苏黎世，远离疯狂的人群和噪声……这些行为都让他的公司经营得不错，给投资者带来了超额收益。

2008年6月25日，盖伊·斯皮尔同另一名投资大师莫尼什·帕伯莱一起花65万美元拍下了巴菲特的午餐，与巴菲特畅聊投资和生活理念，后来又将谈话内容、自己多年领悟到的投资之道写成了一本书——《与巴菲特共进午餐时，我顿悟到的5个真理》。在书中，盖伊·斯皮尔总结了自己从投资新手到追随价值投资大师走向成功的故事和原则：

1.坚持自己的原则

2.远离疯狂的人群与噪声

3.永葆童真和好奇心

4.培养有价值的人际关系

5.忠实于自己

不可否认，盖伊·斯皮尔的人生转变就是从真正理解巴菲特原则并不断模仿、复制巴菲特开始的。

自测：我有足够的自信吗？	
自测问题	我的回答
你认为你一生能赚到多少财富？	
你对上一条问题的答案足够坚定吗？	
当你自我怀疑时，你的财富信念会动摇吗？为什么？	
你会通过什么方式帮助自己恢复/增强信心？	
你有阅读过巴菲特、查理·芒格等富豪的名人传记吗？	

本篇总结

1.富人和穷人的区别就在于：穷人认命，富人不认命。穷人经常会想：我这辈子就这样了，我不配过上好日子。而富人天生有一种信念支撑自己，他们足够自信，他们认为：我一定会变得非常有钱，虽然我现在还不够有钱，但总是能找到方法的。如果你想变富，你就要把你骨子里所有的穷人思维、穷人习惯像刮骨疗伤一样全部根除。

2.三个方法帮助自己快速建立自信：

第一，创建自己的成就文件夹：把你获得的别人对你的夸奖、你的荣誉证书、你的作品集统一放到一个文件夹，当你失落时，请打开这个文件夹，希望你能明白：你没有你想象得那么糟，你比你想象的要好。

第二，立刻行动，在小事中寻找正反馈：任何目标都可以拆解成更小的事情，快速执行，逼问自己这件事24小时内能不能做完？如果不能做完，能不能在24小时内开始做？如果24小时不能，那48小时呢？72小时呢？然后设定时间线，寻找正反馈，给自己即时激励；如果没有正反馈就及时止损。

第三，阅读名人传记：阅读、研究名人传记，了解名人成功的共性，把他们的方法、思维复制过来，为你所用。

利用财富日记提炼专属于你的创富方法论

你会写下和钱有关的故事吗？你的日记里会突出"今天又做了哪件和财富有关的事"吗？如果没有，我想和你分享一招赚钱方法——写财富日记。

下面，请你先写一篇你今天或昨天的财富日记，不用拘泥于格式和内容：

我的财富日记	日期： 年 月 日

这篇财富日记，你写起来感觉怎么样？我猜你会疑惑——

我今天除了工资收入，没赚到其他的钱，是不是就不用写了？

我今天的开支都记上了，吃饭20块钱，坐公交3块钱，买了一件衣服150块钱，一共花销173块钱，然后呢？

我尝试写了下昨天和今天的，好像都没什么区别，也没什么收入，开支都是一两百，这是想教我记账吗？

……

其实，财富日记不等于记账，它的重点是记录自己的财富能力的累积。

首先，我们需要明确记什么内容，一定不是流水账，更不是只有收支结果的记账本，而是要分析，今天我为"四大能力"做了什么：我为提高收入能力做了什么？我为降低支出做了什么？我为增加投资能力做了什么？我的抗风险能力有没有变强？

接着，记录各部分内容的要点，才算是合理有效的财富日记。

因此，财富日记的第一项内容是：记录自己为增加收入做了哪些事。

这部分内容可以由两个板块构成：

一个是你当天增加的收入及原因分析。写这部分我不会只写我收入了多少钱，还会写我是怎么做到拥有这份收入的，以及未来我还要怎么做，这里我们更关注如何可以复制赚钱的模式，而非今日所得的数额。

另一个是你为未来增加收入做出了哪些事。也就是，假如你今天获得了一项赚钱能力或赚钱知识，未来可以如何利用今天学的这个方法以及挣多少钱。举个例子，我在向往财富、想要增加收入的时候，我看了巴菲特的书，看了查理·芒格的理论，这些不一定在当时立刻就能给到我非常直观的反馈，比如收入增加或者有资金进账，但这些理论和认知是为了我将来能够更好地提高自己的收入做知识储备与能力铺垫。哪怕我今天只学到一条理财知识理论，都算是我为增加收入做出了努力，就值得被记录下来。

吕白的财富日记		日期：　　年　　月　　日
增加收入	1.今天我接了一个线下咨询，3999元/小时。一份时间卖多次的飞轮效应确实不错，人只要有了个人品牌后就有机会提高客单价，这点以后还要继续加强。另外，今天和来访者聊的项目挺有意思的，这个行业之前接触不多，接下来一个月多跟大家聊聊。 2.今天和朋友吃饭，他跟我聊了市场营销专家叶茂中的故事，叶茂中1989年就进入了广告圈，做了很多很具传奇性的营销案例，有些案例我去拿来看了，非常值得学习。 3.今更充分理解了巴菲特的滚雪球理论，"人生如滚雪球，重要的是找到很湿的雪和很长的山坡"，这个道理在增加收入的时候，分别对应着时薪高低与时间复利，想要增加收入，就要想如何增加时薪，提高工作时间的利用率。

财富日记的第二项内容：记录自己为降低支出做了哪些事。

你可以写下你今天节省的开销，以及为什么能节省下来，背后的思考是什么，你觉得这个动作是否有助于你的生活？或者，你也可以写你今天花的哪些钱是多余的、不必要的、应该省下来的,为什么花了这笔钱,之后应该怎么做?这些能够帮助你分析自己的日常开销状况,也能够帮助你梳理出你的资产配置所需的比例。

吕白的财富日记	日期: 年 月 日
降低支出	我今天在一天内喝了三大杯奶茶。两杯是自己买的,一杯是下午同事送给我的。 本来我只是在炎热夏日的中午,想喝一大口冰奶茶消暑,这才有了点一杯奶茶的想法。可当我在外卖界面上看到这家奶茶店出了新品,觉得好奇,就两杯一起下单了;下午和同事聊天的时候她又送给我一杯奶茶,我也不好推拒,于是拿回办公室。由于不想浪费,这三杯奶茶全都进了我的肚子,但这也直接导致我当天一直觉得自己肠胃不舒服,坐立难安。 最初,我是想花钱得到情绪上的正反馈,可我不仅没有得到舒适感,反而因为欲望的超额实现而感到痛苦。想喝一口冰奶茶的欲望在被满足后,其他的支出就都是赘余了,这其实是完全可以被削减的、不必要支出。同时,三杯奶茶喝下去,我的糖分摄入量也超标了,我不仅肠胃不适,还给自己的血糖带来了代谢压力。以后,要避免产生这种非必要的支出。

财富日记的第三项内容:记录自己为增加投资做了哪些事。

同样的,这部分可以分为你今天的投资理财所得和你积攒的投资技巧和思维。

吕白的财富日记		日期：	年	月	日
增加投资	1.我今天将一只基金抛了，赚了3000块钱，原因是止盈。这只基金的涨幅已经超过我预想收益率的20%，所以我要及时止盈，用这笔钱做新的投资。 2.今天听了一本书《富爸爸投资指南》的音频，里面提到了"世界上10%的人赚到了90%的钱"，这和以前我所坚持的"二八定律"相似，它从多个维度拆解了富人为什么会成功，其中有5条令我印象深刻：不买负债品，不借钱，谨慎投资，专人打理，有章法地花钱。				

财富日记的第四项内容：记录自己为对抗风险做了哪些事。

注重身体健康，体检和保险是对抗风险最好的武器，你可以写下你今天为对抗风险做的事情、花的钱。

吕白的财富日记		日期：	年	月	日
对抗风险	1.今天开车又被刮碰了，幸好我保的车险是全险。我计算了一笔账，如果我买的不是全险，买车一年，我大概要在修车费用上花十万左右，很多人都喜欢省几百块钱的车险，其实很不划算。 2.今天去医院体检了，查出了一个病，胆囊息肉，医生这说是不吃早餐导致的，其实这是个小病，但体检等结果以及被告知有胆囊息肉的时候内心还是很慌的，要珍爱生命啊……				

写到这里，我的一篇财富日记就完成了。在日记里，我写下了自己当天的所有思考，内容就不仅局限于数字、开销了。

写财富日记的好处是，能帮你复盘每天的成长，让你时刻进入谈钱的氛围，帮你更了解自己有多关注"赚钱"，当你每天复盘后，如果你发现一件事给你带来的成长和收益很小，你可以尽量避免去做这样的事；相反，如果它能够为你带来大量增益，你就应该花时间、精力去认真完成并批量复制。

当你写了一段时间后，还可以以周、月、半年、一年为维度回顾你的财富日记，提取你收获的核心要点，把它们作为你的财富观和方法论。我的做法是经常会在朋友圈记录、分享一些要点，当朋友们看到我的复盘想法后，会主动来和我交流更多的财富观甚至是谈项目合作，这样我也就多了更多与世界对话的机会。

2020年2月12日

最近跟几个财富自由的朋友聊天，我的一些感悟：

1.永远永远永远要和很厉害的人当朋友。和他们一起做点事，一起做点和"钱"有关的事，如果高攀不上很厉害的人，请买他的股票，成为他的股东。

2.永远永远永远要相信专业的力量。你不可能把自己的每件事都做得非常专业，做任何事之前，问问专业的人，别傻傻地自己去试。就跟理财一样，理财很难学会，也很难试错，你只需要找到最厉害、最稳健的基金经理定投长期持有，长期相信。

3.永远永远永远要记得发财必须加杠杆。我认识的好几个发了财的人都是因为学会了用"钱"赚"钱"，想发财，不加杠杆，不会用钱赚钱，注定只能一直出卖劳动力。

4.请牢记：成功＝赛道×效率，投资、工作都是如此。如果做投资，那就找到未来最厉害的赛道，投第一名，或者投整个赛道。

5.永远相信第一，永远相信马太效应，永远相信赢家通吃。

2020年11月4日

关于发财和变富的一些感悟：

1.不断买进资产，卖出负债。

除了一些大家都公认的比如一线城市的房产是资产以外，还有一些其他的东西对不同的人而言是负债还是资产是不确定的。比如我一个朋友为了在一个新城市开拓新业务，自己用公司的名义买了一辆劳斯莱斯，没事就在小圈子里接送一些想认识和熟悉的人，车对他而言，既可以抵税，又可以充门面来拉近他和目标客户的关系。两年以后卖掉，不仅没赔，还通过拉近的人脉关系小赚一笔。

2.多用杠杆。

穷人和富人最本质的区别就是对杠杆的利用率。这个杠杆不只是钱和贷款。更多的是一些头衔，比如你考上了名校，有了名校的title，比如你去了BAT，比如你当了高管，比如你出了书，等等，都是用一个杠杆来撬动另一个杠杆。

3.赚钱是水到渠成，先有10万，才有100万，才有上千万。

赚钱这个事很有意思，就跟打游戏一样。第一笔钱必须到了一个值，比如靠工资攒20万，然后一半配置基金，到了40万，可以在二线城市加杠杆首付买房，到了100万，可以在一线城市买房买车，到了500万，可以抵押房产买2套配置基金信托。

2020年12月17日

不少人都知道赚钱分3个档次：

1.把一份时间卖出去一次：大部分人认知的工资，单次咨询的课酬。

2.把一份时间卖出去很多次：出书、制作课程视频、写作等。

3.买卖其他人的时间：当老板。

绝大部分人发不了财其实就是因为，他们只把自己的时间卖出去了一次。他们不止把工作和生活分开，把工作和副业分得清楚。

我的观点是：

我把我的生活、工作中克服的难关以及沉淀的方法以单次付费咨询的方式卖出，然后把付费咨询中沉淀的案例和解决方案变成线下课程，之后把线下课程中积累的案例再变成文章的素材，随后把文章变成书籍和线上的知识付费课程，最后通过以上获得的名气和案例积累再反哺其中的任意一个环节。

我的底层逻辑就是：

如果一件事不能被卖5次，那么这件事我不做，我会想尽办法去避免它的发生；我的每一份时间平均都被卖成了最少5次，我的1年相当于别人的5年；假如普通人需要1万小时才能成为专家，那我只需要2000小时。

贫穷不需要计划，但获得财富需要计划。

巴菲特从小极具投资理财意识，对金钱有强烈的欲望，小时候就发誓要在30岁之前成为百万富翁。

他五六岁时在家门口摆地摊，售卖零食，挨家挨户兜售批发来的可口可乐，还动员邻居去捡别人打飞的高尔夫球，对高尔夫球进行清洁整理后又加价卖出。十几岁时，巴菲特靠送《华盛顿邮报》等报纸赚钱，后来又送《华盛顿时代先驱报》，他规划了五条送报路线，每天早上会送出将近500份报纸，每个月可以挣到175美元。

读高中时，巴菲特成立了一家小公司创业，买了几台旧弹球机，放到威斯康星大道上的理发店里按小时收费，和理发店老板分成，每周都能挣几十美元，上大学时他又靠转卖公司赚得一大笔费用……因为对赚钱有足够大的欲望和热爱、每分每秒都在思考如何赚钱，且不断复盘、想方设法达成目标，巴菲特才成了今天的"华尔街股神"。

现在，我想请你再做一件事：按照上面所说的"收入、支出、投资、抗风险"四个方面，重新写一篇自己的财富日记，与你刚开始写的日记做比对，检验自己到底收获了哪些。

吕白的财富日记	日期： 年 月 日
增加收入	
降低支出	
增加投资	
对抗风险	

本篇总结

财富日记的第一项内容：增加收入。一个是你当天增加的收入及原因分析，另一个是你为未来增加收入做出了哪些事，也就是，假如你今天获得了一项赚钱能力或赚钱知识，未来可以如何利用今天学的这个方法以及挣多少钱。

财富日记的第二项内容：降低支出。写下你今天节省的开销，以及为什么能节省下来，背后的思考是什么，你觉得这个举动是否有助于你的生活？或者，你也可以写你今天花的哪些钱是多余的、不必要的、应该省下来的，为什么花了这笔钱，之后应该怎么做？

财富日记的第三项内容：增加投资。一个是你今天的投资理财所得，另一个是你积攒的投资技巧和思维。

财富日记的第四项内容：对抗风险。注重身体健康，体检和保险是对抗风险最好的武器，你可以写下你今天为对抗风险做的事情、花的钱。

PART 2

5种花钱方式，在有限的收入里省出更多的钱

统计账单，提高对花钱的敏感度

你对钱足够清醒吗？

我相信绝大多数人一定会告诉我：肯定的！我的钱都是我自己管理的！

为为是由家庭主妇转型成生活整理规划师的，这是个新兴职业，旨在帮人断舍离。但为为跟我说了一件自己身为整理规划师很难以置信的事情：去年，她在家清理衣柜，把近两年没有穿过的、不喜欢的衣服挑出来集中放在一起，清数完发现自己有260多件闲置衣服，最关键的是她还算了一笔账，发现每件衣服均价在500块左右，260件衣服折合下来竟然有13万元之多！也就是说，她盲目购买闲置了13万元的衣服，足足浪费了13万元，并且即将要扔掉这13万元！

发现这个真相后，为为内心非常自责：我从不知道自己竟然花了这么多钱买衣服，如果把这些钱存起来用于投资该多好……

有很多人都和为为一样，不知不觉在某个方面花了很多钱，究其原因就是我们对钱的敏感度不够，没有养成记账和统计账单的习惯。不信，你可以快问快答自测一下：

自测：你对钱足够清醒吗？	我的回答	是否符合（Y/N）
你这个月花了多少钱？哪方面开支最大？		
你上个月花了多少钱？哪方面开支最大？		
你近半年花了多少钱？哪方面开支最大？哪方面开支最小？哪些开支最值得？哪些开支不必要？		
你近一年花了多少钱？哪方面开支最大？哪方面开支最小？哪些开支最值得？哪些开支不必要？		

下面我介绍两个方法，请你看完后开始着手统计本月、上月、近半年、近一年的账单后，核实你的回答是否接近真实情况，然后在上方表格最右边勾选Yes/No的状态。

第一，你可以尝试每日记账。

和前面的财富日记所讲的不同，这里的记账就是单纯的收入和支出账单。

你可以给自己创建一个表格，将日常花销分类别记录，如：

日期	类别	详情	支出	收入
2021.6.1	衣服	孩子服装	100	
	饮食	一餐麦当劳	70	
	彩妆	护肤水	200	
	通行	打车	40	
	总计		410	0

你也可以买一本记账本，现在有非常多专业的记账本，可以记录家庭流水明细。

还有一些智能App也很不错，随时随地就能记账，下面推荐2个大众比较常用的App：

鲨鱼记账：主打3秒快速记账，操作简单，类别可选范围很多，还配有一目了然的图标可以帮你快速分析你的消费情况和趋势，另外还有发票助手的功能，你可以添加发票信息，快捷开票。

口袋记账：同样是极简操作，支持信用卡、支付宝账单导入，能自动生成收支统计图、年度收支曲线图等报表，而且还能导出excel供你详细分析；支持多账本记录你不同地方——自己、家庭、公司的账单。

养成记账的习惯并不容易，为为第一次尝试记账，记了两个月就放弃了，因为开支总是大于收入，记得心里不舒服，有时候明明花了钱却刻意不记上去，假装没有花，现在回想起来其实就是回避现状，心里接受不了这个事实。但回避根本解决不了现实存在的问题，只是自欺欺人而已。

"后来，我又重新开始记账，记账的价值不在于记，而是分析和复盘。每到月底，我就会统计每个类别的开支数据，真的会发现很多自己意识不到的问题。比如，有一个月，在'吃'这个类别我只花了130块钱，还是买了水果，我这才意识到原来我已经持续吃了一个月的馒头和饺子了（晚餐在公公婆婆家吃）；有一次我又发现，我的'交通'费用很少，这才理解为什么每隔一段时间我老公就提出要跟我换车开，因为加油的事基本都是他干了；有时候我发现'学习'类花销很大，回头看发现自己不知不觉报了很多课但并没有上，再进一步分析发现其实是由于时间安排不合理，报多了根本学不过来，还有一些课的内容对我来说并没有那么重要，于是，我不再盲目买课，一个月最多报1门课，认真把1门课学好并践行比走马观花地学10门课有用多了。"

自从坚持记账和复盘后，为为的财务状况有所好转，由负转正，到了健康的状态，她也更愿意坚持记账了，每到月底还会有一种额外的幸福感，因为她可以清晰地感受到金钱在积累的幸福感。"记账能够让你看到过去一段时间内发生过的事情，即使自己不愿意承认，也是铁打的事实。清晰的自我认知，有一半来源于过去，以史为鉴，才能谋划未来。"

第二，统计账单分析阶段性支出情况。

如果你真的坚持不了记账，那么你可以先从统计账单开始了解自己的财务状况。

如果你能坚持记账，你也需要定期统计账单。

统计账单可以以月／季度／半年／一年为维度，统计方法有：

（1）如果你用了上述所讲的智能记账App，可以直接导出账单。

（2）用你的支付宝、微信或银行卡App导出你上个月的消费情况，以微信为例，点击"支付"—点击"钱包"—点击"账单"—点击上方"统计"即可看到你的财务情况。

现在，微信还上线了记账本小程序，如果你之前没有记账和统计账单的习惯，可以点击微信记账本小程序，关联你的账单，凡是通过你这个微信号支出和收入的钱都能自动生成账单。

我以前一直以为自己打车花钱多，没想到还有一项开支很大——按摩，我每个月至少花费两三千做按摩；我的读者KK在三线城市工作，月薪资6000块钱，每个月竟然要花掉近1000块钱吃烧烤，她在此前从没意识到自己竟然把收入的1/6都花在了夜宵上。

ps：先削减大的支出

认清自己后，你能把钱花得更对。我经常听人说没钱学习、没钱旅行、没钱办健身卡等，实际上，你不是没钱做这些事情，而是因为你把你的钱花在了其他事情上。你在什么地方花钱最多，决定了你的未来是什么样：如果你天天沉迷外卖，在饮食方面过度开销、暴饮暴食，较高的能量摄入就很容易导致肥胖，甚至还会伴随着其他疾病风险；如果你在自我学习方面肯花钱，愿意投资自己的未来，那么你在之后的发展中势必会享受到学习给你带来的红利。

当你分类统计账单后,你会对自己的生活和财务状况产生更清晰的感知,你可以明确地知道你的钱都花在了哪里。

请回答:

1.有多少支出是你可以马上断舍离、立刻砍掉的?

2.有多少支出是你犹豫不决砍不掉的?

3.有多少支出是必须要花的?

当你能对以上3个问题给出明确的数字比例的答案后,你就能对症下药,然后逐渐变富。

变富的本质不是你一个月能赚多少钱,而是你一个月能存下多少钱,并把它们用来投资。

香港首富李嘉诚曾在谈到投资理财秘诀时举了一个例子:假设一个人从现在开始坚持每年存钱,一年存14000元,同时假设这个人每年存的钱都用于投资股票或房产,因而这些钱能够达到20%的投资回报率。那么由此可以计算出,40年后他的资产将增长到人民币1.0281亿元。虽然这是一种理想状态下的估计,现实考虑到投资失误以及风险,实际回报率可能达不到这么高,但即使收益率降低一些,一个亿的一半也有5000万元之多,这也算得上是一笔"巨款"了。

在接下来的几篇文章中,我进一步将和你分享:针对不同部分的钱,应该怎么节省?

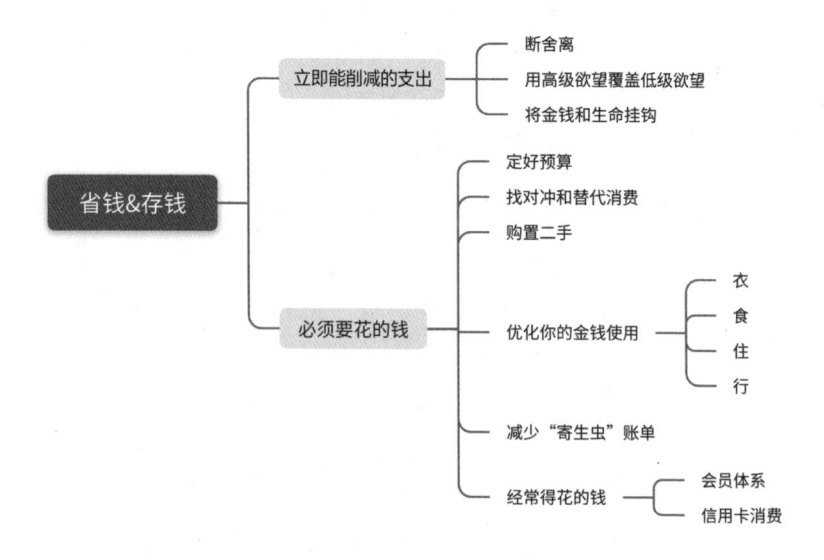

```
                              ┌── 断舍离
              ┌── 立即能削减的支出 ──┼── 用高级欲望覆盖低级欲望
              │                └── 将金钱和生命挂钩
              │
              │                ┌── 定好预算
              │                ├── 找对冲和替代消费
              │                ├── 购置二手                ┌── 衣
省钱&存钱 ─────┤                │                          ├── 食
              ├── 必须要花的钱 ──┼── 优化你的金钱使用 ──────┤
              │                │                          ├── 住
              │                │                          └── 行
              │                └── 减少"寄生虫"账单
              │
              │                                    ┌── 会员体系
              └── 经常得花的钱 ────────────────────┤
                                                   └── 信用卡消费
```

本篇总结

1.坚持记账：日常养成记账的习惯，分别思考自己在衣、食、住、行、玩等各方面的花销是否合理：花了多少钱？为什么花了这些钱？哪些钱可以增多？哪些钱应该砍掉？

2.统计账单：打出你的过去一个月、半年、一年的消费账单，对账单进行分类梳理，清晰知道自己把钱花在了哪些地方。

3.存钱很重要：赚钱的第一步就是存钱，变富的本质不是你一个月能赚多少钱，而是你一个月能存下多少钱，并把它们用来投资。

4招断舍离，削减那些没必要的花销

别再听信"钱是赚出来的，不是攒出来的"，一年赚100万元只存10万元的人，不如一年赚30万元却能存下15万元的人厉害。

《余额宝90后攒钱报告》（2020版）显示，90后越来越爱攒钱了，2020年上半年，90后平均不到4天就要往余额宝存一笔钱，其中，超一半的90后平均每笔攒钱金额在20块钱以下。

所以，当你已经知道哪部分支出是你可花可不花的之后，接下来就应该立刻削减这部分非必要支出。

这四招可以帮你省钱

第一招，和富人一样，分清楚什么是想要，什么是必要。

当你消费时，请一定想好以下两点：这个商品你是不是真的需要？它能够解决你的实际问题吗？要想"奔着目标买，买你需要的"，一定要记住这2条"不要"、4个"不等于"。

奔着目标买，第一"不要"：不要轻易听信销售员推荐的。有段时间我眼睛干涩，进了一家药店，本来是想买一瓶眼药水缓解一下眼部疲劳，但是店员查看了一下我的双眼后告诉我，眼睛干涩是因为日常对着电脑办公导致用眼过度，眼药水只能缓解一时不适，而我需要日常保健，于是她给我推荐了维生素等保健品。当我离开药店后我才惊觉，一趟下来我竟然一共花了570块钱！因为我禁不住别人的推销，而忘记自己的真实需求，导致原本只需要50块钱就能解决的问题，竟然在不知不觉间多花了十倍有余。

奔着目标买，第二"不要"：不要习惯闲逛。你要知道自己的需求到底是什么，在购物时直奔目标。如果你想要买一床被子，就直奔床上用品区挑一床高品质的被子，而不是想着顺便逛逛整个商场，看看有没有其他可买的东西。同样的，网上购物时，不要习惯打开电商App闲逛，因为这类电商平台会根据算法给你推荐很多信息，比如你想买一件衣服，打开App后你会被推送上衣、裙子、帽子、鞋，进而忘记自己原本只需要买一件衣服。因此，你只需要奔着自己的目标下单，直接搜"白色T恤"，下单后直接关闭App就可以避免诸多非理性消费。

80%的人遇到喜欢的东西都会冲动消费，尤其是在商家消费陷阱的加持下，因此，无论线上还是线下购物时，都该奔着目标只买你现在需要买的，如果你看到喜欢的非必需品，可以先放进购物车，放两三天再购买，如果三天后你还是需要这个产品，并愿意为它付出一定的金额，那再下单也不迟。

此外，也一定不要在深夜逛电商App，因为人在深夜非常容易产生一些感性的决定，没有办法理性地思考和判断，我曾有非常多深夜下单觉得一定要买、不买不行的产品，第二天都会后悔。同时，你还可以卸载你的购物软件，改掉没事就"网上逛街"的习惯，有需求了可以再次下载，使用完立即删除，这样将极大地有助于将被动消费转变为主动消费。

买你需要的，第一"不等于"："新款"不等于"需要"。很多商场里的产品会有新款上新，你会不由自主去购买，因为你认为这些都是新到的货，一定有特别之处，早买到就是早赚到。电子产品也是如此，现在的电子科技产品都流行召开新品发布会，提前搞宣传——介绍新发布的某一款手机、某一款电脑的型号和功能，然后给消费者一个"立即购买享受最大优惠"的折扣价，大家都会争相购买。这时你会不断给自己找理由，"自我洗脑"这款产品的摄像功能有多强大，内存有多大，可以满足你日常拍照、摄影、存图片的需求，等等。但你是否想过，如果没有这场新品发布会，如果没有这一次的新款上新，你还会觉得你很需要这个手机或这台电脑吗？未必吧？

买你需要的，第二"不等于"："便宜"不等于"需要"。当你逛超市时，是否经常发现自己不知不觉买了很多商品，账单远远超出刚进商场时的心理预算？你是否留意过为什么货架上有这么多同类型的商品，货架上层、中层、底层的同类商品价格差了多少？你是否知道为什么咖喱面不和咖喱酱料放在一起，过道里为什么总是有打折促销的商品？

其实，超市、商场的布局都是有设计的，设计师会引导消费者从一个区域走到另一个区域，作为顾客的你，接触商品越多，买的就会越多，所以超市的入口和出口一般会在一头一尾，距离很远，为的就是吸引你多花时间走完整个超市；商场中间还会设计主过道和支过道，在过道上设计货架并摆满促销力度很大的日常用品。你也可能在超市里看到同一个商品堆连续出现在好几个地方，比如宜家就会在多处位置的大货框里放娃娃、水杯等高频次使用的消费品，当这些商品不断出现在你的视线时，你会忍不住把它们和两边价格更贵的商品做对比，"这个水杯才19块钱，买了"。如果商场有扶梯，顾客通常还会在一、二层扶梯边上看到打折的零食、日用品等，上面贴着便宜的价格标签，暗示你"我很便宜，正好你看到我了，快把我带走吧"！

如果你逛商场或者在线上电商平台发现有一些商品正在打折，全场正在满减促销，请一定记住，不要为了满减、满赠而去凑单。如果你确实需要这些商品，你可以凑满以享受优惠，以及除非你真的遇到非常必需的日用品，比如牙膏、纸巾等，可以在打折时囤一些货。除此之外，如果是购买对你来说可有可无的东西，那就不要去凑单了。另外，和你视线保持平行范围内的商品通常来说更贵，顶层或底层的商品价格会相对比较便宜。

买你需要的，第三"不等于"："品牌"不等于"需要"。商家擅长创造消费氛围，用各种广告的方式告诉你购买他们的产品代表着一种生活方式，"你需要追求精致感""你买了我们的商品就代表着你是时尚达人"，但你的生活状态和真实的财务状况、身份地位真的会因为购买了某个产品而发生实质性的改变吗？你非常清楚——并不能。

法国哲学家、社会学家让·鲍德里亚认为，当今社会是"消费社会"，他认为商品不仅支配着物质与劳动，还支配着人的文化、欲望、冲动与人际关系，它们构建起了一个体系，在这个体系里，人们不仅消费商品的使用价值，同时也在消费它们的"符号价值"。怎么理解？比如某些豪车、名表、贵妇包，都是在这个体系里的一种成功的象征，它们对应的符号价值就是"我很成功""我很有钱""我很有品位"等，它们能在这个体系里呈现出你的生活状态、财务状况、审美品位，等等。所以，人们购买奢侈品或者是追求品牌时，往往更多的是希望被别人看到、被别人关注和认可，更多的是代表着内在的价值呈现。如果你能意识到这点，真正地从质量和舒适度出发去购买商品，不中消费主义的圈套，你就会自然而然地减少追求不必要的外在品牌、不受外在审美评价标准的左右。

在某综艺节目里有这样一个辩题："年纪轻轻，精致穷，我错了吗？"其中辩手的辩论非常精彩："你不是在为你喜欢的东西花钱，而是在为'精致'这个概念花钱，你所购买的、追逐的东西都是别人定义的,你所谓的'喜欢''想要'也不过是因为别人都有。"人都有攀比心和虚荣心,社会上的很多需求并不是我们真实的需求,而是被社会、被商家、被别人、被我们的贪婪心理给创造出来的。

买你需要的,第四"不等于":"赠送"不等于"需要"。我们都主张过一种节俭主义生活,我们逛商场买东西时经常会有礼品赠送,比如买一大包泡面会赠送一个碗,买一箱牛奶,只需要加几块钱就会赠送某个玩具,这些你本不需要的东西对你的钱包不会有很大的影响,但却会严重占用你的空间和后续的处理时间、精力。

以前,每逢佳节会有一些朋友或同事送我礼物,我都会收下并表达感谢,但后来我发现这些东西在我这儿根本起不到实际的作用和价值,反而占用了我很多生活空间,我需要花时间整理、花空间收纳,甚至有时候还要花钱请保洁打扫、收拾,所以,我现在会尽可能地不接收礼物和赠品,尽可能地让自己的东西变得更少,买我真正需要的,淘汰我不需要的。

第二招,用高级欲望覆盖低级欲望。

使用以上的方法,有些钱你可能还是省不下来,这时候你可以尝试用更高级的欲望覆盖低级欲望。

2017年,我刚来北京时住廉价的青旅,那时我还没有足够的钱选择更好的生活,自然也认为自己存不了钱。直到有一次,我们公司要举办一场大型的行业交流会,领导要求大家都穿正装,因为会上有不少的前辈、意见领袖出席，我们很可能会结识他们。当时距离大会还有3周时间，而我还差500块钱才够买我看上的那款西装，于是我迫不得已制订了"省吃俭用计划"：每天的外卖由20~30块钱减到10~15块钱，甚至有时我会自带蔬菜便当、吃泡面，这样每天至少能省下10块钱；通行方式由"地铁+打车"改为了"地铁+步行"，每趟能省14块钱起步费；周末和朋友的聚会要么推了，要么改成约在公司聊天……就这样，不到3周我存下了500块钱，那是我第一次感受到：原来没钱也可以存钱！

2018年，我的线上新媒体课程被全国39.7万人次收听，我意外收获了一笔不错的酬报，且伴随着职场的升职加薪，我的收入飞涨，但我发现我消费的也越来越多，外卖由30块钱一餐涨到至少50块钱一餐，和朋友聚餐一次至少花费上千块，每个月打车花销几千块，旅行花销上万块……我越来越觉得钱不够用了。

后来，我想在一线城市拥有一套属于自己的房子，虽然收入已经不错，但我依旧有买房压力。于是，我又开始为了深圳的一套房存钱，先从餐饮开始节流，然后我把所有不必要的开支都砍掉，并且换了一个更小的房子租住——每月房租一下子减少了2000块，几个月后我就存了5万块钱，加上原本剩下的收入，终于成功攒到了付首付的钱。2019年，为了买车，我又开始存钱……

每当我想要达到自己更大的目标时，每当我有更高级的欲望需求时，我都会下意识地省钱、存钱。为什么？因为人的欲望是无法被剔除的，满足欲望的方式只有两种：一、超额满足；二、用更高级的欲望取代低层次的欲望。

满足欲望的方式	含义
超额满足	当一个人拥有足够的物质条件时，他会付出时间、精力、身体健康等不断购买梦寐以求的商品来满足自己的需求，直到超负荷为止。
更高级的需求	当一个人的野心增大时，他会有更高级的欲望，他会追求一些对自己、对社会更长期有利的需求，因此也会自觉地忽视眼前的低阶需求。

我小时候很喜欢吃肉，七八岁时每天都要大鱼大肉地吃，直到有段时间我吃肉吃到反胃，在医院折腾了很久，以至于后来几年，8岁到12岁的我再也不爱吃肉了，因为我已经吃够了，吃腻了，吃肉的需求已经被我超额满足到恶心的地步，因此吃肉的需求对我来说不存在了。

超额满足通常会给人带来空虚感和自虐感，因为当他在大量满足自己的需求时，他其实是在过分地让自己享受对需求的满足感，这样的结果往往是他不再喜欢这件事。

但更高级的需求就不一样，就攒钱这件事来说，更高级的需求可以激发你对钱的欲望，刺激你想方设法存钱和赚钱。

有段时间我非常爱喝奶茶，一天至少喝两杯，一个月得花掉上千块，最初我意识不到这样的花销会对我带来什么影响，因为奶茶可以给我带来快乐，可以满足我的欲望。后来，我计划做近视眼手术，手术费需要几万块钱，于是我把奶茶戒了，加快了存钱速度。之前提到过的，我为了买房、买车开始存钱也是如此。在更高阶的欲望面前，一些低阶愿望显然不会对我们产生多大的诱惑，因此你会延迟满足感，从当下开始存钱去接近更高的目标。

我有一个同事一直想报名英语辅导机构，她平时喜欢逛街买衣服、吃小吃，可考虑到学习费用需要3万一年后，她开始减少逛街的次数，并且每天问自己一个问题："今天我存钱了吗？"

第三招，将钱和生命挂钩。

对于一些不知道该不该省的小钱，你可以和生命挂钩。

你是否会经常觉得这个10块钱没必要省，那个20块钱省来无意义？你是否又经常为了省钱，在网购时花两三个小时货比三家，虽然最后省了30块钱，但又开始为浪费时间而懊恼呢？

如何衡量哪些钱需要省？哪些钱可以不需要省？有一个衡量方法就是"和生命挂钩"。

举个例子，一杯奶茶是20块钱，20块钱也只是2万块的一千分之一，所以我们会认为奶茶不贵，辛苦了一天，用20块钱犒劳自己是应该的。可如果我们换一种衡量奶茶价格的方式、将它和你的生命挂钩呢？

假设一个人月薪税后到手5000块，朝九晚七，周末双休，偶尔加班，一个月的工作总时长是200小时。这样算下来，他每小时的时薪是5000÷200=25块钱。一杯奶茶的价格如果用工作时长来衡量，就是0.8个小时，将近50分钟。

如果选择每天下班后用一杯奶茶犒劳自己，就相当于每天有50分钟的努力工作并没能给你带来实质性的价值。我们暂且不考虑工作内容能否为你的未来增加多少砝码，在短期表现上就是每个月你会有0.8×22=17.6小时的工作都只是在为奶茶打工。这几乎是两个工作日的工作时长。如果对金钱概念不是很明确，那么时间呢？你的生命呢？一杯奶茶等于50分钟生命的流逝，一箱零食等于一天工作白做，这样想会不会更能帮助你克制一下非必要消费的欲望与冲动呢？

当你的一切消费都开始在用自己的生命来"支付"时，当你想要冲动消费时，你心里的思考便从"我愿不愿意花这点钱"变成了"我愿不愿意为此付出我几小时的生命"。同理，当你在做一件可以为你节省时间的事时，当你在自我投资时，你也可以思考"我是否愿意用我一天的生命去换得更有价值的未来十年"？

自测：将金钱和生命挂钩				
计算你的一个小时=多少钱	税后收入：_____	工作时长：_____	我的一小时=_____块钱
将你的日常花销和生命结合	一顿饭=_____个小时生命	一次聚会=_____个小时生命	一件衣服=_____个小时生命
减少你的生命支出额	我可以降低或砍掉哪些支出：			

第四招，关注你开销里的细节部分，减少"寄生虫"账单。

除了这些周期性的固定消费，你有没有发现过这种现象：明明这个月没有什么大额支出，但月末却发现当月消费比自己想的高了近一倍。这种时候，你就要小心留意你的生活中是不是有"消费寄生虫"。之所以把它比喻为寄生虫，是因为曾经有个视频让我每每想起都觉得触目惊心。

一条鲸鱼搁浅沙滩，它的身上有一堆堆的白色斑点，仔细观察那其实是大量的寄生虫——藤壶。藤壶寄生在鲸鱼皮肤上，它会分泌极具黏性的胶质，身体还会深深扎进鲸鱼皮肤中，让鲸鱼身体发痒。

其实，鲸鱼体表有寄生虫依附是很正常的，这也符合世间万物共生的规律，但是当寄生虫过度繁衍、生长时，就会给鲸鱼带来严重的威胁和伤害，尤其是当鲸鱼生病受伤时，大量的寄生虫的存在甚至可能导致鲸鱼搁浅和死亡。

我们的财务上有没有寄生虫呢？答案是有的。

我梳理了自己的财务状况，发现在很多地方都能看到寄生虫依附：5个手机App会员自动续费项目，每个月费15～30块不等；点餐好面子，总是多点几个菜；冰箱里永远有过期的罐头……

这些财务寄生虫，你平时感受不到它们的存在，也不会觉察到它们对你有所威胁，但当它们越来越多时，就会逐渐将你侵蚀、裹挟。

对于绝大部分人来说，节流比开源要容易一万倍！削减开销的过程，其实就是在做"断舍离"。因此，请学会在一些小事上省钱。

拿出你的手机，找到你的App会员付费，我猜测你可能有2~3个会员是自动续订的，因为商家会用尽所有力气吸引你订阅第一个月的会员，甚至恨不得免费给你会员福利，但你往往会忘记关闭自动续费功能，而商家赚的正是你第二个月以后的钱，所以，请把这些不必要的续费统统关掉。

查看你的手机套餐或拨打客服电话，了解自己每个月的流量和话费分别是多少、是否有超额。我做过调研，绝大多数人不知道自己的手机套餐正在超额扣费，所以，请了解清楚然后选择更适合你的套餐。

如果你已经开始省钱了，可以有节奏性地为自己砍掉不必要的花销，第一个月先砍20%，第二个月砍30%，第三个月砍50%，最后再把非必要开支全部砍掉。学会省钱，要有"宁愿饿死也不动本金"的决心，把钱当成你的小兵，让它为你攻城略地。

自测：我已经断舍离了吗？		
自测问题	我是否已改变	这个改变能为我节省多少钱
你购买商品会直奔目标吗？		
你每天打开电商平台的时间有多少？		
你有更高级的欲望吗？是什么？		

PART 2
5种花钱方式，在有限的收入里省出更多的钱

续表

自测：我已经断舍离了吗?		
自测问题	我是否已改变	这个改变能为我节省多少钱
你那些不必要的手机App自动续费都已手动取消了吗?		
你的手机套餐是否是最适合你的?		
你想买的非必需品是否放在购物车里"冷静"了3天以上?		
你把电商平台卸载了吗?		
你这个月减少了20%以上的不必要开支吗?		

本篇总结

1.和富人一样，分清楚什么是想要，什么是必要，"奔着目标买，买你需要的"，一定要记住这2条"不要"、4个"不等于"：不要轻易听信销售员推荐的，不要习惯闲逛；"新款""便宜""品牌""赠送"都不等于"需要"，不要被商家迷惑。

2.对于犹豫不决的钱，你可以树立更高级的欲望和目标：比如在买车的欲望前，你喝奶茶、喝咖啡的欲望会自动被降低，每当你

有更高级的欲望需求，你就一定会下意识地存钱。

3.对于一些不知道该不该省的小钱，你可以将钱和生命挂钩：计算你的时薪=_____块钱，当你想消费时，如想购买一个60块钱的盲盒时，叩问自己是否愿意花费_____小时的生命购入。

4.关注你开销里的细节部分，减少"寄生虫"账单：关掉你的手机App自动订阅；给你的手机卡选择一个合适的套餐，话费和流量不要超额使用；清理你的衣柜、书柜等，将闲置物品二手转卖；餐馆点餐讲究适量，冰箱里的水果、零食别囤太多。

4个方法，把必须要花的钱降到最低

砍掉不必要花的钱后，你可能又犯难了：

有些钱我不得不花啊！

这些消费去不掉我该怎么办？

如何在不降低质量的前提下，花更少的钱？

这四个方法可以帮你把必要支出花得更值！

第一，消费前定好预算。

·每个月花钱的预算。

每个月提前定好你的花销预算，餐饮预算1000元，服装预算500元，出行预算300元……

·你要消费的预算。当你要逛商场时，当你要在电商平台参加购物节活动时，提前定好预算。比如，电商节活动你的预算是500元，那你就只能买500元的东西，不能超出你的预算。

・你要买的商品的预算。当你不得不花钱时，请为自己定好预算，你可以先看市场上该类产品的均价是多少，最少花多少钱能满足你的需求，最多花多少钱能买到该类品牌的产品，然后选取折中线作为你的预算，最后在消费时严格控制预算，不要轻易超额消费。

此外，还要学会计算你要购买的商品的平均单次使用价格，不要轻易听信商家计算的数字，因为你非常容易忽略一个问题——你的使用频次真的会这么高吗？比如一款美容仪大概两三千块钱，商家非常贴心，会帮你计算："如果你每天使用一次，你至少能用三年，一天算下来平均也就几块钱，几块钱买来一个很好看的容貌真的是太划算了！"但请问，真正能坚持每天使用美容仪的人有多少？你真的能坚持每天都用美容仪吗？再举个例子，你报一门课程的费用需要几万，销售顾问为了让你下定决心付钱买单，会给你介绍"有50节线下课，100节线上课，额外还会赠送20次活动，算下来均价才40块钱一节课，物超所值！"但是你真的能让自己坚持每节课都去上吗？如果不能，那么你的一节课均摊下来的成本可能至少需要两三百块钱。

第二，用一种更好的花钱方式——替代消费。

有些钱是可以对冲的，对冲的本质就是你找A来替代B，从而减少支出或提升性价比。

前几年，因为高强度的工作，我几乎每天都要保持久坐的姿势，以至于肩颈很不舒服，需要定期按摩放松，当时我每个月需要花费几千块钱做按摩，而这些开销只能帮助我暂时缓解身体的疲惫与不适。如果我拿这笔钱去健身呢？一个月的按摩开销甚至足够我健身两个月，并且，健身不仅能缓解我的肩颈疲劳，还能强身健体，从根本上改善体质，这样一举两得的做法完全可以替代我久坐不动再花高价去按摩。

所以，多用替代消费的方式吧，当你腰酸背痛需要办卡按摩时，你可以用运动的方式强身健体，减少花钱享受按摩服务的次数；当你想办健身卡但费用又占了你月工资的一大半时，你可以考虑换另一种运动方式去替代，如户外跑步、跳绳、做操等。

第三，购入二手商品。

对于一些非私人用品，你可以选择用二手商品替代新商品。

如果你想办卡，可以先在二手App上搜索，你会发现有很多优惠的卡，如健身卡，低价购买过来并不会影响你的实际使用效果，相当于你用了更少的钱办了一张你家附近的健身卡，你享受的次数和服务却都是相同的。

如果你想学英语，可以在二手App搜索"英语学习资料"，里面有很多英语文献阅读资料、音频资料、往年考题等，只需要几块钱就能买到。

如果你租的屋子里没有电器和办公桌，且你的租房时间不长，你完全没必要另花大价钱去买一张高品质的桌子,只需要在二手平台寻求你的目标,通常价格至少能打五折。

反过来思考,对于半年内没用过的产品,你可以扔掉或二手转卖,然后提醒自己,以后再买同类产品时,首先思考新产品和之前这个闲置品有什么区别,不买会不会对生活产生影响,买了还会再次闲置吗?

第四,优化你的衣食住行,提高性价比。

在衣食住行这些不得不花的钱上面,少量提质,与其消费多次,不如选择健康的、舒适的、适合自己的产品和消费方式。

(一) 衣

先统计:你的衣服都是什么价位的?

我建议买衣服不要买太便宜的,也不要买太贵的,便宜的衣服你通常穿几次就闲置了,折算下来每次穿的价格并不便宜,品质不好还没法给你的外在形象气质加分;太贵的衣服过于浪费钱,也容易因为太贵而被你过于珍惜导致闲置,未必会穿上几次,且如果有一天你的穿搭风格改变了,衣服需要迭代、替换,你就会浪费一大笔钱。

然后统计:你都有什么类型的衣服,你接下来需要买哪些衣服?

在购买衣服时,可以思考:这件衣服的使用频次是多少?如果是紧急但不重要的需求,你可以选择平价商品替代,如果是用于重要场合,那么你可以选择更贵、更高性价比的商品,比如你应该有一套质量不错的西装,它的价格应该是你日常衣服的 5~10 倍,因为它可以帮你在面试求职时、洽谈合作时赢得漂亮的印象分。

自测:我在穿搭上花了多少钱	我的回答
你每个月花在服饰(衣服、包包等)上的钱是多少?	
你每个月花在化妆品、护肤品上的钱是多少?	
你还会为谁购买服饰?(父母?小孩?另一半?)	
这其中哪些钱你觉得花得很值,哪些钱白花了?	
你现在的衣服追求数量多还是品质高?	
你的衣柜里有哪些是近半年都闲置的?	
如果减少一半买衣服的钱,你会怎么买?	

(二)食

了解你在"吃"上面都会花哪些钱?正餐、小吃、奶茶、饮料、水果……

统计你每日三餐的类别和花销:在家做饭的频次多吗?一周有几次点外卖?一周几次下馆子?

然后优化你的饮食习惯：能否多在家里做饭，既便宜又健康？点外卖的次数和花费能怎么减少？能不能把小吃、奶茶、咖啡降到一个月一次的频次？

自测：我在餐饮上花了多少钱	我的回答
你每个月花在"吃"上面的钱是多少？	
你每日三餐怎么解决，日均需要花多少钱？	
你在餐厅吃饭点菜时一餐会花多少钱，又会剩多少菜？	
你在外面吃饭或点外卖的次数可以减少吗？	
除去三餐，你日常花在零食和饮品上的钱有多少？	
你喜欢享受一些超过或略高于自身消费水平的餐饮吗？消费频率与单次开销是多少？	

（三）住

统计你现在的住宿费用，如果是自己的房子，可以统计你的房贷、水电网费一共是多少；如果是租房住，可以统计你的月租、付租方式、水电网费、物业费等一共是多少，然后把这部分总额除以你的月度总花销，得出占比。

如果你现在居住的房子价格占你月收入的35%以上，你就要认真思考了，现在的房租是否合理？你能不能换一个性价比更高的房子？房租里有没有可能省出一部分钱来做其他的事情，比如理财或投资自己？

当然，在住宿上还有一点需要关注的是，你现在的房子离公司的距离有多远。虽说公交、地铁可以解决大部分的交通问题，但如果你每日的通勤时间大于1个小时，你就可以考虑多花一点小钱换一个地理位置更折中的房子，这就相当于把交通成本转移到了住宿成本上，同时又能节省时间和精力。

自测：我在住宿上花了多少钱	我的回答
如果你是租房，你现在的房租多少？	
你的房租是合理的还是较高的？	
你的房子有可能再换得更小一点、更便宜一点吗？	
如果你已买房，你每个月的房贷是多少？	
旅游或出差时你选择住在什么价位的酒店？	

（四）行

分析你在通行上的花销有多少，一般选择什么样的出行方式更适合？

如果你需要打车去一个较远的地方，时间又不紧急，可以选择拼车，一般一趟可以节省二三十块钱；如果你出行需要选择飞机，可以乘坐经济舱，并且关注航空公司专门的打折优惠活动。因为航空公司会提前盘点航班客座有没有满，如果还有空位，会在周中放出空余的票，这时候购票相对更便宜；如果你出行旅游，可以提前一两个月购买假期期间的机票。

自测：我在通行上花了多少钱	我的回答
你每个月花在通行上面的钱是多少？	
你习惯怎么出行，公交车、地铁、打车、自己开车？	
如果你是打车多，平均花钱多少？有可能换成公交或地铁吗？	
如果你是每日上班通勤花钱多，通行的钱可以拿来租更近的房子吗？	
如果你是自己开车，你每个月花在车上的钱（油费、保养费、保险费、停车费）是多少？	
你在出差过程中会选择高铁还是飞机出行？旅游呢？哪个可以帮你更省钱？	

（五）休闲

每个人在休闲娱乐上花的钱都不一样，有的人这部分支出占比很少，有的人占比最多。

你可以在这里分析自己的休闲娱乐集中在哪些方面，这些能不能有所替代，能不能省下其中一小部分钱？

如果你每个月会去做美容，是否可以在小区办一张美容卡？如果你刚开始培养美容的习惯，是否可以先打开App体验附近的美容院服务，一般新客都能用超低价格享受同样的服务，假设你先去了周边20家美容院体验，就相当于你享受了20次优惠折扣，而这样的好处还能让你快速识别哪家服务好，等你对这件事情有自己的判断后再办卡，可以避免踩坑。

自测：我在休闲娱乐上花了多少钱	我的回答
你每个月花在旅行上的钱是多少？	
你每个月花在自己爱好（如购置手办、绘画、滑雪、唱歌）上的钱有多少？	
你每个月花在自我保养（如美容、按摩等）上的钱有多少？	
你花的这些钱哪些值得，哪些不值得？	
你想过如何从这部分花销中省钱吗？	

（六）学习

学习的钱一定要花，这里你可以填写你为子女（如果有的话）教育投资的钱，也需要填写你为自己投资花的钱。

在选择知识付费课程时，建议你考量这几个方面：这个课程我是否一定会去学？如果我保证每节课都上课，是否真的会有进步？这门课程的老师值得我追随吗？我预计多长时间能看到学习这门课程的回报？

自测：我在自我投资上花了多少钱	我的回答
你们家的教育资金每个月/每半年有多少？	
你每个月用在投资自己学习的钱是多少？	
你会进行知识付费吗？为什么会/不会？	
你购买的知识付费，一般价位在多少？	
你每个月花多少钱健身？	
你打算继续加大投资吗？为什么？	

本篇总结

1.消费前定好预算。每个月要花的钱，按类别定好预算；每次你要消费的预算，比如"618"电商节活动，你的预算是500元，那你就只能买500元的东西，不能超出你的预算；你要买的某件商品的预算。

2.用一种更好的花钱方式——替代消费。有些钱是可以对冲的，对冲的本质就是你找A来替代B，从而减少支出或提升性价比。

3.购入二手商品。对于一些非私人用品，你可以选择用二手商品替代新商品。

4.优化你的衣食住行，提高质量。

2个窍门，
1块钱也能当5块钱花

经常花的必要支出，还有没有什么办法能让它花得更值？

有！答案就是：会员体系。它能让你那些不得不花的钱，多花几次！

第一，任何消费都用官方平台，享受积分权益。

把1份钱花5次的核心就是"常旅客计划"/会员体系，常旅客计划（Frequent Flyer Program）是指航空公司、酒店等行业向经常使用其产品的客户推出的以里程累积或积分累计奖励里程为主的促销手段，是吸引公商务旅客、提高公司竞争力的一种市场手段。

但是，很多"常旅客计划"只接受自己App上的积分，我之前在多个App上买过很多机票和酒店，差不多花了几十万，这些钱原本足够我办一个航空公司的金卡和一些酒店的等级比较高的会员，但在这里都属于无效。当然，也有的会支持第三方软件，会联合举办活动，如果你有了一张A会员卡，平台会帮你自动匹配B会员卡，系统会告诉你只要持有这张卡就能享受同样的服务。

第二，任何消费都用信用卡支付，一份钱可以多刷几次。

我办的新信用卡只用来支付，不用来分期，然后按期还款。用信用卡支付的那一刻，我能获得积分，这些积分从长期看可以让我获取很多收益，这就完成了1份钱花了2次及以上的行为。

信用卡内置积分体系，我的所有花销都是用信用卡支付，它会给我额外的积分。而且，如果我的某个行程是在某平台上预订的，再用信用卡支付，我能获得三倍积分。比如我在某平台上预订某酒店的房间，这两个平台我都有会员，然后我再用信用卡支付，这样我就获得了三倍的积分！

再比如，我办了一张航空公司联名信用卡，我用信用卡支付，买机票会送一个机票自带的里程积分，信用卡支付的钱会兑换成里程，而我每刷一次联名信用卡还会给我带来额外的里程积分，一次就有三大积分送给我！

这些里程、积分可以给我带来什么权益呢？它能帮我升级，让我享有超级VIP会员服务！

我之前买机票只看时间和价格，东航、南航、海航、国航……哪个方便买哪个。后来，我研究我常飞行的几个城市和航班线，有意地选择了其中服务和路线最搭的一个南航，很快就飞了一张金卡，其实很多航空公司每年都有飞行挑战，你可以花很少的钱完成金卡。金卡会员可以优先登机、偶尔升舱，即使坐经济舱也能优先选择一些空间比较宽敞的位置，且有无限次出入航空公司的头等舱候机厅权益。

因此，当我和别人花同样的钱购买一张经济舱机票时，我还能免费享有额外的服务和权益：

我能快速登机，我的候机座位空间更大；

上飞机后，我能进头等舱吃饭，空姐会额外赠送水果和牛奶；

我甚至还能获得一些免费升舱机会……

同时，我开始有意地固定住一到两家酒店，不久后我就拥有了A酒店的钛金卡。当我入住该酒店时：

不需要在前台办理，服务员会和我说："吕先生您好，您可以在行政酒廊办理，不需要在这边排队。"

然后他们会拿着我的身份证帮我办理，等开好房间又端着欢迎水果和卡片一边带我进房，一边说着："尊敬的吕先生，让您久等了，这是我们的欢迎水果，祝您入住愉快。"

我在酒店吃早餐不花钱，菜品极其丰盛，下午有下午茶、水果、咖啡，晚餐欢乐时光有豪华自助餐和酒，经常能吃到海鲜——新鲜的螃蟹、龙虾，还有烤羊腿……光是这些，在外面吃上同等品质的餐食每天至少得花1000块钱，在这里全部免费；

我如果在A酒店见客户，可以把他们带到行政酒廊会面，那里看风景的视野特别好；

服务人员还会对你特别客气，对你的客户鞠躬表示欢迎："吕先生的朋友来啦，我来负责接待您。"往往这时候客户会向我投来羡慕的目光……他也倍儿有面子！

每住一晚，酒店还会送我不少积分，住几晚还能额外赠送几万的权益，有时还能获得升房的权益，所以我经常用最少的钱就住上了行政套房。

后来，我又用某银行的黑金卡匹配了一个某五星级酒店的顶级钻石卡，权益和A酒店一样，都是可以花最少的价格体验最好的服务。

有次我从北京去三亚玩，全程几乎没花钱。

我有会员，可以免费接送机，那天早晨来接机的是一辆豪华奔驰！

接着，我用我的里程积分兑换了机票，我在贵宾厅吃了份早餐，上了飞机吃了些水果；

到了三亚后，朋友来接我，送我去三亚的A酒店，途中我用3万多积分换了一个房间，到了酒店后，酒店工作人员又帮我自动升级成一个套房。同样，我在这里的早餐、下午茶都是免费的。

你看，这些积分、里程我随时能使用，我相当于用以往日常的消费兑换了一次免费三亚游。

同理，如果你经常坐网约车，可以认定它的官方平台，相比聚合打车平台，官方平台可以给你积攒积分。其实，网约车会员买的不只是几块钱的优惠，更重要的是买它的服务优先权，比如免等服务，打车基本都是秒接，每次出门在外和朋友一起打车我都是最先打到车；此外，我还能获得优先升舱的服务，比如我打快车能被升成专车。

这些事情，如果你要靠花钱一步步升级，你需要花很多钱，需要时间的积累，但我要告诉你的是，如果你发现你在什么地方花钱最多，你可以研究它的会员体系，每个体系里都会有对应的活动，你只需要研究并参与活动，就能很快获得对应的积分和权益。举个例子，南航一般需要一年飞几十次才能有高级权益，普通人一般很难飞这么多次数，但你可以看看官方有什么活动，有的活动是可以返双倍以上积分和里程的，也有的是联名活动，如果你稍微花点时间去参与，就可以很快拿到权益。

但需要注意的是，如果你对信用卡什么都不懂，我建议你不要看各种广告，没有用的。我之前就是这样，今天办理这张神卡，明天办理那张神卡，觉得可以薅羊毛的信用卡都想去申请，结果一点儿用也没有，其实，一个人最多拥有3张信用卡就够了。

你适合申请什么信用卡，和你的消费习惯相关，在申请之前，你可以通过统计你之前的消费记录，分析你每个月在什么地方花钱花得最多，然后办理联名信用卡，让你的所有消费都过一次信用卡。

如果你对一些航空公司有偏好，可以办一些和航空公司联名的信用卡，每一笔消费都有里程，里程数就能为你换机票。如果你需要开车，可以办和车相关的信用卡，每次加油还能返现，有的还会送年检服务。如果你喜欢喝奶茶、喝咖啡，可以办喝咖啡联名的信用卡，很多信用卡可以免费赠送大额券，比如有的卡一年能送几百杯咖啡；如果你喜欢健身，可以想办法让一张只能使用5次的健身卡升级成8次，花同样的钱享受更多的服务次数，你不就是赚了？

会员体系的本质不是让你额外去做什么，而是帮你把一些之前不曾注意过的细节利用起来，按照要求操作不一定会让你省很多钱，但是你可以花更少的钱体验更好甚至卓越的服务。是的，1块钱也能花出5块钱的效果，在我不知道钱还能这么用之前，我90%的钱都被浪费了。

自测：我的1份钱花了多次吗?	
自测问题	我的回答
你在经常消费的商家那里办理会员了吗？	
你享受积分权益了吗？	
你习惯在官网订票、购物还是在聚合平台？	
你购买商品或订机票、住宿会关注打折信息吗？	
你现在办理联名信用卡了吗？	
你有几张信用卡？都能给你带来权益好处吗？	

本篇总结

1.了解会员体系：会员体系的本质不是让你额外去做什么，而是让你可以花更少或同样的钱，体验更好甚至卓越的服务。

2.任何消费都用官方平台，享受积分权益：研究对应的会员体系，参与官方平台相关积分活动，更快、更便捷地获得更高积分，享受更高权益。

3.任何消费都用信用卡支付，一份钱可以多刷几次：基于你的消费结构，在你支出最多的部分办一张联名信用卡，任何消费都用信用卡支付，它可以帮你积攒积分，一份钱可以多刷几次，但需要注意的是：你不需要办理太多信用卡，选择适合自己的就好；信用卡也不要分期和贷款，不要让它成为你的负债。

强制和激励，轻松存钱的2个策略

以上方法我都做不到，难道真的没有办法存钱了吗？

小罗最近几个月都没存到钱，她愁眉苦脸地问："每个月工资就8000块钱，扣掉房租、水电和生活费，月底几乎就没钱剩下了，根本没有钱可以让我存下来啊。"

我问她："为什么不在一收到工资时就先存一笔钱呢？"

她说："那我怎么预估我这个月的钱够不够花呀？除去房租和水电，经常还会和朋友聚餐、买些生活用品，如果先存钱我就没多少钱可以花了。"

问题就在这儿。存钱的本质是把你手里可花的钱储蓄起来，让你没有钱可花。你不要想着一个月要花多少钱、剩下多少钱就存多少钱，因为你在日常花销中会觉得"这个可以消费""那个值得投资"，所以会不知不觉花掉不少钱，所以，不妨先存一部分钱，剩下的钱就是限定你能消费的钱。

《巴比伦富翁》记载了巴比伦富人阿卡德的财富秘籍。在古巴比伦，有一位名叫阿卡德的年轻人，他是记录馆的抄写员，日出而作，日落而归，却只能获得一丁点儿的报酬，过着入不敷出的日子。有一天，阿卡德遇到奥加米什——巴比伦当地的放债人，他向奥加米什请教如何变富，这位有钱人告诉他："这简单，你把每个月的收入存起来一部分！"阿卡德不敢相信，奥加米什又说，正是这个方法让他从牧羊人变成放债人。

阿卡德半信半疑地开始尝试这个办法，生活穷苦却依旧强制自己储蓄，将每个月收入的1/10存储下来，坚持几年后，他存到了第一笔数目可观的钱，为他的资金启动、财富累积做了很好的铺垫，后来，阿卡德成了巴比伦最富有的人。

在新书《巴比伦富翁新解》中，作者还补充了"50%"的方法，即如果你这个月有额外的收入或大额的奖金，比如发年终奖、项目获奖等，可以将它的50%存下来。

"全球投资之父"、邓普顿集团的创始人约翰·邓普顿也是习惯强制自己存储收入的50%。邓普顿的父亲曾是一名律师和商人，有多次商业冒险的经历，因为他总是冲动投资且缺乏储蓄意识，导致家庭经济状况较差、不稳定，可这也间接影响了邓普顿，邓普顿从很早就有意识地养成了勤俭节约和重视储蓄的习惯。"财富源于储蓄"，邓普顿在自己19岁时便决定，存下每月收入的50%，尽管在佣金很低时也依旧坚持，以此积累财富。

我的习惯则是在花钱的过程中同时存钱，强制自己储蓄50%。如果我花了一块钱那我必须存一块钱，花五百块必须存五百块。支付宝也有"笔笔攒"功能，你可以设立自己的攒钱数额，你每花一笔钱，它会自动为你转入相同的数额变为固定资金，你需要手动解封才能使用这笔资金。

或许你会觉得这个方法不够"循序渐进"，不够"新手友好"。如果你想要从零培养储蓄习惯，也可以尝试用一些好玩的方式激励自己存钱，如"365存钱法"：

在一张白纸上画下365个格子，并在里面顺序写下1~365的数字。你需要做的就是在接下来的365天里，将这些格子一一划掉。每天你都可以选择存一笔"1~365"之间的数字的钱，并把相应的格子划掉。可以不按照顺序存钱，比如在刚发工资的时候存365块钱；下个月发工资前的一天选择存1块钱。以游戏的心态来激励自己坚持存钱，这样，一年下来你就可以存"1+2+3+4+5+……+364+365=66795"块钱。

巴菲特曾在采访中提到，父亲是自己最大的灵感来源，他从小便在父亲身上学到如何尽早养成正确的习惯，而其中，储蓄就是他认为最重要的课程之一，"开始存钱并及早投资，这是最值得养成的好习惯"。巴菲特表示，每天只存20块钱，十年时间就可以成为百万富翁，他也确实为此践行了一生。

存钱优于挣钱，你的储蓄足够吗？

自测：我能够强制自己储蓄多少？	
自测问题	我的回答
你能在每个月一有收入时就强制储蓄吗？	
你每个月能强制自己储蓄多少钱？	
你以前的意外收入是否都会存下来？	
你以后的意外收入是否可以严格按照50%储蓄下来？	
你是否有其他的方法激励自己存钱？	

本篇总结

1.存钱的本质是把你手里可花的钱储蓄起来，让你没有钱可花。每个月发了工资、有了收入后，先把其中一部分钱存起来，再花另一部分钱，不要等到月底剩多少钱再存多少钱。

2.用强制储蓄的方法存钱：10%比例，即把你月收入的10%存起来，每个月坚持这么做；50%比例，即如果你这个月有额外的收入或大额奖金，比如发年终奖、项目获奖等，把其中50%存下来；花一份存一份，每消费一笔钱你就存下等额的钱。

3.用激励储蓄的方法存钱：365存钱法，"1+2+3+4+5+……+364+365=66795"块。

PART 3

让钱为你工作——聪明人是怎样用钱赚钱的

厘清资产和负债，不断买入资产，强制降低负债

存钱不是为了存下钱，而是把存下来的钱用于投资然后赚钱。大众传统的理念是将存下来的钱拿出一小部分理财，但你的钱应该在属于你的那一刻就马上投到基金等理财产品中去。

请拒绝银行的投资。我存下的钱一定不会放在银行里，因为银行保单是中国最没有收益的一款理财产品，它跑不赢通货膨胀（以下简称"通胀"），这就意味着物价的飙升速度大于你的银行存款投资，等于无效投资。

所以，你的钱应该拿来买资产，而不是让它变成负债。

下面这些，你认为什么是资产，什么是负债？

物品	资产	负债
自用房		
自己正在出租的房子		
私家车		
自用车拿来出租		
自用车用于跑网约车		
店铺里的共享充电宝		
一门在线课程		

发小找我聊天，他最近很苦恼，财务压力比较大。我有点意外——他工作收入还可以，怎么还觉得自己财务压力大呢？

一问才知道，他前段时间想要给自己增加资产，把积蓄全拿了出来，一口气在老家买了两套房子，一套给自己，一套给父母。现在每个月要还双份房贷，再加上自己的日常生活开销、赡养父母的费用，总共是一笔不小的数字，他只好努力工作偿还贷款。他向我吐槽完，还打气安慰自己："没事儿，就这阵子苦一点儿，购置了资产，房价升值后就能回本，我就赚了！"

我摇头，问了他一个问题："你觉得你现在做的事是增加资产，还是增大了你的负债？"

"当然是增加资产了，"他很肯定，"要不是增加资产，我干吗要让自己背这么多债务？"

我告诉他:"但不是所有房子都叫资产,你一套自己住,一套给父母住,根本没有给你增加收入的机会,这又怎么算投资呢?你这只是增加了负债,所以才觉得财务压力更大了。"

这就是普通人非常容易陷入的误区:大家普遍认为买房就是买资产,就是让自己的财产增加。尤其在我们的传统观念看来,买房是一件必须要做的事,买了房子就更加安定,心里更踏实。但很少有人思考过:房子一定是资产吗?房子在什么时候是资产,什么时候是负债呢?

我对资产、负债的理解很直接:生钱的是资产,耗钱的是负债。

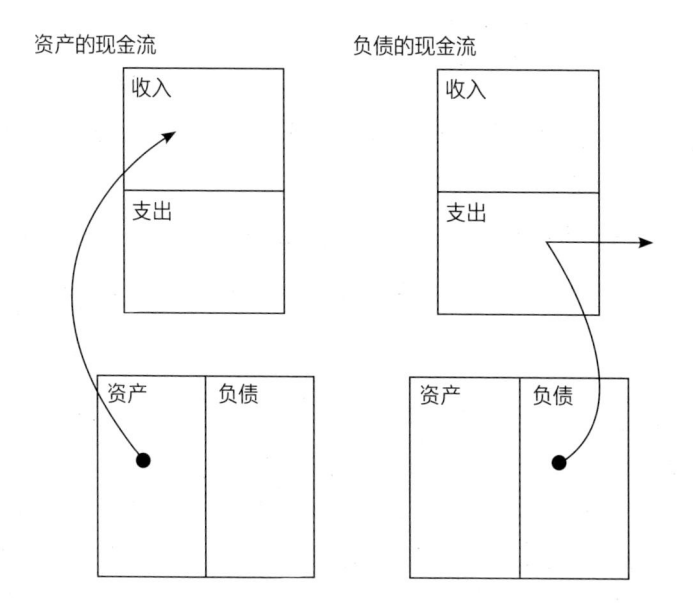

资产的现金流	负债的现金流
收入 ↑	收入
支出	支出 →
资产 •	负债
	资产 负债 •

所以，你购入后不是为了自用，而是通过租赁、出借等方式能给你的未来带来经济收益、让你不需要工作就有钱进口袋的就是资产；需要你从口袋里掏钱购买，且没办法为你带来金钱收益的，就是负债。

所以，房子在自用的时候都不是资产，而是负债。因为这套房子并没有办法给你带来更多的财富价值的增加，它只在你手中体现了"居住"这个使用价值。房子只有在被卖出去的时候才能算作是你的资产，前提还是你的卖出价要高于买入价格以及通货膨胀的部分，只有这时你才是真的实现了资产的增值。如果买来的房子不自住，而是选择租出去，也不一定算是资产。因为大部分房子的房租都低于你每月应还房贷的价格。即使真有这样的房子，那也不会落到我们普通人手里，有这种好事，早就被房地产从业者瓜分了资源，毕竟大家都想要赚钱。所以，99%的房子在没卖出去之前都不是资产，因为它在不断地从你口袋里掏钱。

我有位朋友一家三口，原来住着260平方米的5室2厅4卫2阳台的大平层，但她发现房子至少有一半多的面积是长期闲置的，"多余的部分不仅消耗我的金钱，还消耗我管理和维护的精力"。2020年，她把房子卖了，换了一套140平方米的3室2厅2卫，"对生活而言足够了，我按照自己的喜好重新装修房子，虽然面积小了，但住得更满意了"。

同样，如果你的车是自用，它也不算是资产，尤其当你还有车贷时，它只会是你的负债。那我们怎么将其变成资产呢？我有一个朋友非常喜欢车，尤其是豪车、跑车。但跑车的价格大都动辄几百万，自己买太多车显然是一件不现实的事。不过，他找到了既能平衡自己的爱好，又能够增加资产的投资机会：他开始买入一些二手折损的豪车，再把它们精心修缮，在三亚开了一家豪车租赁俱乐部。众所周知，三亚一直都是我国旅游度假休闲娱乐的好去处，到三亚玩的人，租一辆豪车享受假期是常有的事。朋友看到了这个机会，购入的二手车有很多不同的品牌、不同的款式，每天出租都能获得一笔不小的收入，同时还能满足自己的爱好，尝试驾驶多种跑车。这些收益也能很快为他赚到再去买豪车的钱，不断购入其他的车来扩大业务范围，增加收入。在他手里，这些车就不是负债，而是能够为他的未来带来金钱收益的资产。

资产是会生蛋的鸡，而负债就是会偷蛋、偷鸡的黄鼠狼。资产可以替你生钱，你可以用存下来的资金购买一部分幼鸡，然后让这部分幼鸡孵化、下蛋，为你生产更多的蛋和鸡。负债是在消耗你的钱，你辛苦买来的鸡和它们产的蛋，都被负债这个"黄鼠狼"偷走了，负债越多，就像黄鼠狼组团来偷鸡一样，没了鸡和蛋，它们甚至会到你家里"洗劫一空"。而人生就是一个不断"养鸡赶狼"的过程，你养的"鸡"越多，被偷的鸡和蛋越少，你越容易发财。

想要让资产为你赚钱，你就要先盘点一下：自己已经拥有哪些资产，以及还有哪些可配置和购入的资产；目前有哪些负债，可以避免什么负债，等等。在梳理个人财务状况之前，我们要先明确一下"净资产"的概念。净资产可以用以下这个公式来定义。

净资产 = 资产 – 负债

净资产的含义就是，将你所有的资产算作正，负债算作负，资产和负债相抵后，余下来的数字是正的，那就代表你的整体财务状况是向上的，不包括你的当前劳动收入，你的财务状况也会帮你赚钱；如果是负值，那就说明你花时间精力挣到的钱，还要掏一部分花给负债。

所以我们的个人资产负债表应该由以下几部分组成：资产盘点、负债盘点、净资产计算。

	资产		负债	
	项目	金额	项目	金额
明细				
	净资产=总资产–总负债			

上面的表格可能刚开始梳理起来会有一定难度，我们一步步来：自测一下你的生活中，有哪些部分可以被算作资产、能被算作多少资产呢？

自测：你有哪些资产？	
自测问题：这些是你的资产吗？	我的回答
你的房子能为你赚钱吗？能赚多少？	
你的车子能为你赚钱吗？能赚多少？	
你的投资型资产有多少？能为你赚到多少？	
你还有哪些东西是能为你赚钱的？	
你是否喜欢做收藏？藏品价值如何？售出能为你带来多大收益？	

应该怎么买入资产？

想要资产增加的方式很简单，就是发现和识别资产，之后大力买入资产；通过资产获得的收益重复购入新的资产，达到一定的资产累积。一旦这个正向循环形成了最小闭环，那就坚持下去，飞轮效应会让你的轮子越变越大，越跑越快的。

"股神"巴菲特的财富积累过程就是：赚钱，购入资产，靠资产赚钱，再用这些钱继续购入资产。比尔·盖茨曾在微博中称："我与沃伦·巴菲特已经是超过25年的老朋友了，而且现在我们还能像最初认识时那样一起开心地玩耍。"他还发布了一段视频，内容就是自己和巴菲特两人走访了奥马哈的一家糖果店闲聊趣事。他们站在弹球机旁聊天时，巴菲特提到自己这辈子的投资顶峰就是高中时期的弹球机生意，在那之后一直在走"下坡路"。

原来，在巴菲特16岁时，就有了买入资产、通过资产获利的意识。当时巴菲特和朋友丹利经营的租赁弹球机的生意成本有多高呢？其实，他们只是用25美元买来了一台旧机器，由丹利负责机器的修缮和维护，巴菲特则是和商家谈合作。巴菲特自称是威尔逊投币弹球机公司的代表，向理发店老板提出合作内容：自己将弹球机放置在理发店内，每个月弹球机的收益分两成给老板，作为弹球游戏机的位置占用费。老板想了想，觉得只是放一台游戏机就能赚到钱，便欣然应允了。很快，巴菲特的弹球机生意为他挣回了25美元的投入资金，还额外赚到再购入新游戏机的钱。于是，巴菲特继续购入游戏机，再将游戏机放在不同的理发店内盈利。一年后，巴菲特决定结束这个生意，将8台游戏机转手卖了1200美元。

一台游戏机，对于买来自己玩的人来说是负债，对于买来并租赁店铺开游戏机店的人来说，收益抵不过房租和游戏机成本时，这也是负债；而对巴菲特的做法来说，游戏机帮他把25美元的成本，变成了1200美元的收益，一年时间，他当初投入的这笔钱足足翻了48倍！在赚回游戏机成本之后，这台游戏机为他带来了丰厚的收益。巴菲特能通过游戏机获得金钱利益，这才是真正的资产。同时，巴菲特还做到了用资产赚来的钱持续购入新的资产，从而达到增加营收的目的。

现在街边随处可见的"共享充电宝"，就是用了同样的道理。

这个投资项目，启动资金不需要很多，能够很快盈利，之后就可以通过赚到的钱购买更多设备，再用这些设备一起去赚钱。对于共享经济的企业与个人，他们所提供的共享物品就都是资产，是能够不断带来利润的资产。

又比如我自己，我出版的书就是我的一种资产。在前期我会花大量的时间和精力去完成书稿、打磨书稿，我保证每一本"吕白"出版的书，都是高品质的。这些书就是我的资产，比如，我最近出版的书《从零开始做内容》也一直在源源不断地为我赚钱，为我放大自己的品牌影响力；再比如，我做的线上课程，那也是我的资产。我在2018年出了一门写作课，当年就售出了十几万份，我小赚一笔；之后两年里，依旧有人不断购买我的课程，到现在我的课已经有39.1万人次收听，出了书和课程之后，我除了宣传期会卖力推广外，并没有其他的精力或金钱投入，但两三年过去了，依旧有人通过我的书、我的课程认识我、了解我，并愿意为我付费。

因此，当我意识到我的书和课程是能够为我生钱的资产后，我就开始大力投入精力去写书和做课程。因为这对我来说就是资产，是能够短期投入、长期持续为我带来收益的，所以我会大力买入和发展资产，让资产再为我创造更多价值。

还有一种资产，是投资自己。很多人赚钱、理财，紧盯着市场10%的收益率，却忘了有个最好的投资产品就是自己，投资自己，你有很大可能拥有高达20%以上的收益，越是年轻时，越需要把金钱放在自我投资上,如:将目标定为要存够戴牙套的钱、要存够读EMBA商学院的钱。

应该怎么降低负债?

在明确资产后,我们再来分析一下负债。我将负债分为两种,一种是消费型负债,另一种是投资失败的负债。下面,请根据自测表格,想一想自己有哪些负债呢?

自测:你有哪些负债呢?		
	自测问题:	我的回答:
消费型负债	你有哪些是冲动消费?消费金额是多少?	
	有哪些是不必要/买了后悔的消费?金额是多少?	
	有哪些为了享受,需要提前透支收入的消费?金额是多少?	
	你有自用的车、房贷款吗?还需要还多少?	
投资型负债	你有哪些基金/股票亏损?亏损了多少?	
	你有哪些外借/投资朋友生意的亏损?亏损了多少?	

消费型负债其实有很多,尤其是自住自用的车贷、房贷。除此之外,还会有一些盲目冲动的不必要消费,以及超前超额享受现在

水平难以承担的消费带来的负债。穷人总是在为证明自己富有上花费大量本不应该花费的钱，比如买奢侈品，进而负债；而那些越是会花钱的富人，越将钱用在里子上，而非面子上。因为他们能够分清楚什么是刚需，什么是不必要。在这些人眼里，衣服舒适、方便就够了。

我曾经也是典型的"负债式消费"。苹果产品只要出了就买，iPad买回来至今只用了两次；我喜欢旅行，出门一定要体验最好的服务，大手大脚地吃喝……最后，我负债十几万元。

后来，我发现自己因为负债变得很焦虑，每个月月初要头疼信用卡怎么还，一条条的银行卡信息不敢点开，我必须尽快清空负债，否则生活会把我压得喘不过气来。于是，我把自己当时的四张银行卡全部拿出来，制订还款计划，要求自己每个月必须要还多少钱，每还完一张后，我就在家用剪刀把卡剪断，然后立刻去银行把卡注销。就这样，我将四张负债银行卡变成两张，再变成一张，最后完全还清。同时，我关闭了很多提前消费的通道，因为如果不关闭，我会习惯性借钱消费，最后又负债累累。

所以，如果你想发财，一定要先清空负债，把所有鼓励你超前消费的花销都关了，如果你不关，你会永远还不上这些钱，因为人的欲望是贪婪且无穷无尽的。在你没有建立起完整的财商体系之前，你所有的超前消费都是在引导你走向深渊。

时至今日，除了房贷，我已经不再有其他的负债，我会开通银行卡等消费的提醒，每花一笔钱就提示自己花了多少，卡里余额还剩多少，一旦余额降低到我的红线，我会立即自省我的财务状况，并砍掉不必要的花销。

投资失败的负债也有很多，比如在不是很了解市场环境与行业发展的时候，盲目跟风购买热门基金和股票，且投入还不小，最终亏损得血本无归；再比如参加人情局，被熟人拉入局，合伙投资做生意，但投资失败，企业破产而导致的负债。投资失败的负债印证了一句话：钱是赚不完的，但能亏得完。因此，想要避免投资型失败，一定要谨记，不懂的行业领域，不懂的事物产业，千万不能盲目跟风投资，因为很大概率你不是在做想象中的买入资产，而是在增加你的负债！

当你意识到某件东西是你的负债后，你就要尽可能尽快地把它抛掉，负债越少越好。同时还要注意，不要盲目投资。因为很多时候你自认为是在买入资产，但因为自己并不了解，反而导致投资失败，就变成了负债。

最后，在上面分析和梳理的前提下，请用【个人资产负债表】进行详细的个人财务状况分析，将财产和负债梳理得越详细，你越能清晰地分辨出自己的资产状况如何，以及未来如何继续买入资产、减少负债。

	资产		负债	
	项目	金额	项目	金额
明细				
	净资产＝总资产－总负债			

本篇总结

1.生钱的是资产，耗钱的是负债。请分析思考：你的房子是资产还是负债？你的车是资产还是负债？你或者你的家庭还有哪些资产和负债？

2.买入资产。一旦发现一样东西可以给你带来收入时，你就需要批量买入你的资产，让它为你生钱。

3.清空负债。不断降低负债，用强制归还负债的方式，制订还债计划，明确在什么时间需要还完多少钱；并且此后不要再轻易有任何的超前消费、信用卡贷款等。

把自己所有的钱放进"4个账户"

想要做好理财,就要做到把自己所有的资产放进"4个账户"里,每笔钱的取用都应该来自对应的账户。这4个账户分别为:花销账户、健康账户、保本账户、生钱账户。

第1个账户,花销账户。这个账户中存放的钱,都是用于你的日常开销,通过消费来满足基本的生存需求,比如衣食住行、水电煤气等生活必要开销。这里存的钱一定要定量,这就是基于我们对自身的认识,以及想要正确花钱的规划,如果花销账户占总支出的比例过大,就容易出现超额消费的情况。标准普尔图❶中,对这部分花销的推荐比例为10%,可我对此并不认可,因为实际比例需要考量收入水平与当地消费水平,如果一个人是"北漂"一族,月薪6000块,10%的占比只有600块,想要在一线城市用600块钱成本

---

❶ 标准普尔家庭资产象限图,又称"标普图",是全球最具影响力的三大信用评级机构之一的美国标准普尔公司,在调研了全球十万个资产稳健增长的家庭资产配置方式后,分析总结出来的家庭资产配置分布图。

生存下去是一件几乎不可能的事；相反，如果在三线城市能够达到月薪1.5万元，那么1500块钱还是可能负担当月花销的。

第2个账户，健康账户。健康账户中的钱，主要是用于健康或医疗方面的大额开销，尤其要体现出强杠杆的效果，比如通过几百或几千块钱的医疗险、重疾险和意外险，在意外出现时换取几十万甚至上百万的赔偿金。

健康账户或许在很多人的日常生活中几乎没什么存在感，平时也不会占用整体收入的大部分比例，年轻人按照合理配比购置保险，每年也不会花非常多的钱，但在关键时刻它会发挥大作用。尤其是当我们的身体健康和生命安全出现意外情况时，这种"以小博大"的杠杆作用就会凸显出来。威胁到生命的开销往往都不在少数，大多是花钱如流水的大额开销，如果平时有投资健康账户的习惯，这时候就能靠它拿到一笔不小的钱来解燃眉之急，而不是在急需用钱的时候慌不择路，不仅砸进去多年积蓄，还可能要疯狂低价变卖资产，甚至要找人借钱。如果没有这个账户，不管是个人还是家庭的抗风险能力就少了一大半，尤其普通家庭很难应对这样的意外状况。

第3个账户，保本账户。这个账户其实是一种"未来储蓄"，放在这个账户中的钱，大多是为了未来做打算：为老人准备赡养费，为自己准备养老保险，为孩子准备未来教育相关的费用，等等。这些钱最大的要求就是：稳定，可以少挣或者不挣，但不能赔。"少挣"或者"不挣"是指这个账户中的资金至少做到保本增值，不能让本金有损失，而且还要抵御每年的通货膨胀。整体的收益率可以不高，但一定要保障长期的稳定性。并且，这个账户的资金应该占收入的最大比例，且不能随意取用，这是为未来生活做出的储蓄，不能因为当下的盲目消费就透支未来的资金。

第4个账户，生钱账户。大家一直都在工作，就是为了赚钱，如果设立一个让钱生钱的账户，岂不是还能够稳定增收，毕竟人不能一辈子都在工作，理财也能带来资产的增加。比起上一个保本账户来说，这个生钱账户更加激进一些，这个账户的资金多用来投资一些资产，这个账户中的资金投入比例一定要慎重思考，要理智投资，而非投机。不管这个账户是亏了还是赚了都不能对家庭的正常生活有过大的负面影响，一定要理智冷静，不要有赌徒思维。可能有的人放了20%的钱在这个账户炒股，当年遇到了牛市，大赚一笔，下一年就调用全部可支配资金去炒股。但又有谁能说准，下一年不会是熊市呢？难道要把自己赔得血本无归吗？显然这是不可取的。

这4个账户其实是4个不同的维度，就像四根支撑着个人与家庭的顶梁柱，都为支撑安定生活起到了至关重要的作用。资产配置的关键其实就在于平衡，不过分激进，也不过于保守，综合4个账户来合理配置资产，也是对生活的保障。因此，当你有钱之后要考虑如何让钱生钱，要将资产进行合理的配置。

什么是财富自由？不少机构发布过不同一、二、三线城市的财富自由标准。我认为，财富自由不是一个具体的数字，而是一种状态：当你什么也不用干时，你的被动收入还能大于你的开支，你就实现了财富自由。正如李笑来在《通往财富自由之路》里所倡导的：财富自由是不再通过出售自己的时间去满足生活所需。

如何实现财富自由？你要养足够多下蛋的"鸡"，有足够多的资产，并且不"杀鸡"。假设你现在"鸡"的总额是200万元，你为了买一个特别喜欢的奢侈品花了其中的10万元，如果一万是一只鸡，那你就相当于一次性杀了十只鸡。当你培养了财商思维后，你就会开始思考要不要花这笔钱，一旦开始思考，那你大部分钱都是不会花的。

如果你有100万元，可以拿其中60万元在支付宝购买信托（信托，是委托人基于对受托人的信任，将其财产权委托给受托人，由受托人对资金进行管理和处分的行为，年化收益率基本能达到6%，但这项投资对你的资金财务状态有一定的门槛要求）。然后，拿其中30%购买稳健的基金，剩下10%作为周转、应急资金，放在你随时能立刻取出的地方。

下面，我以问答的形式和你分享对于买房、炒股、创业等的看法。

Q：现在有一笔钱，先买车还是买房？

A：如果你有资金和能力可以购房，一定要先购房，但是地点选择很重要。我对未来市场持悲观态度，我认为未来房子能上涨并能给投资者带来较大收益的城市不会超过十个，只有超一线城市和某些一线城市的核心地段的房子才值得投资。中国未来90%的房子不值得买，举个例子，非核心城市的非核心地段房产已经在打折卖了，为什么呢？因为中国老龄化非常严重，北京、上海、杭州、深圳、广州等各大城市陆续出台政策争抢高端人才，如北京已经开放积分落户政策，其他普通城市很难争抢过这些超级城市，房产上升空间有限，而跟普通城市、老家小县城相比，北京和上海的医疗、教育相对过硬，所以年轻人更愿意留在这儿，但这也导致房价高。

Q：买股票的核心点是什么？

A：股票的核心点是只买少部分优质资产，买股票千万不要买垃圾股。我喜欢买那些五块钱、四块钱一股的股票。可能因为人类天生喜欢数量多，比如说我有1000块钱，购买某股票可能也就能买一股多一点儿，但我买其他小股票我能买上50~100股……这其实是一个特别傻特别低级的误区。你不要通过价格来看一个股票是不是好，你要通过价值来判断。当时几百块钱的某股票其实是被低估了，但几块钱的股票是被高估了，而且小盘股很容易被机构和散户做空，把股价推得很高，然后你过去接盘了，就被套在里面了。但是一般大的优质的公司就不会，即便有人想做空，但因为它的流动规模太大了，机构也做不了。所以，我现在都是不看股票的价格，而是看股票的价值，看这家公司有没有护城河。

Q：为什么一家公司有没有护城河会决定它的价值？

A：巴菲特有个理论，一家公司有没有自己能做但别人做不了的东西，或者是你要想象一个公司如果是最不聪明的人来当CEO，这家公司还能不能活下去，还能不能挣钱？某知名品牌酒就是这么验证的。你知道某知名品牌酒为什么贵吗？第一，代表面子；第二，它有一定流通性，很多餐馆尤其是高档餐厅都有，它已经变成了一种"社交金融产品"了，相当于我拿该知名品牌酒招待你，你就会觉得我把你当好朋友、好客户，我对你很尊敬。该品牌价值非常高，护城河很深，已经很难被别人取代了。因为绝大部分人都是不懂酒的，大家主要就是认牌子。该品牌怎么样才会倒闭呢？可能是用它这个牌子连续十年出一堆特别便宜的酒，没有了品牌溢价，它的价值就会降低。所以，看一个股票的核心本质是看这家公司有没有价值，有没有护城河。

Q：如何判断一家公司有没有足够深的护城河？

A：某互联网公司A曾经也是一家非常厉害的公司，它的护城河是PC互联网，当PC互联网走向移动互联网时，该公司的护城河就不强了，所以股票会波动、下跌，它需要不断寻找新的护城河才能稳定。另外一个互联网公司B的护城河是社交软件游戏、投资，管理者不怎么管理，它也一样可以运营和盈利。我当时买B公司股票没持住，原因是当时游戏版号被封了，我觉得它的主要护城河不太能立得住，就卖出去了，但是我忽略了一点，B公司投资做得特别好，那段时间它的收益主要是靠投资的公司，游戏亏损的钱都靠投资公司赚钱弥补回来了。

Q：担心无法用好价格买到好公司的股票怎么办？

A：95%的时间都是熊市，要么不涨，要么跌，只有5%的时间才是牛市，所以你要在熊市的时候买入，在牛市的时候卖出，不用担心买不到好的价格，就像我之前特别喜欢追涨杀跌一样，我总是怕自己买不上特别便宜的价格，我怕我买不到了，所以就会一直追，但其实如果我当初理解股市95%的时间都在跌或者是平的时候，我就会知道我永远有时间买最便宜的东西，如果你追涨了就容易赔钱，所以股票一定要买跌不买涨。

Q：开创一家公司也算是资产吗？

A：开创一家赚钱的公司才是资产，如果不赚钱就不是资产，甚至可能是负债。你想要致富，一定要创业。首先，创业开公司可以买卖别人的时间，你一个人的时间是非常有限的，即便你再厉害，你的产出也只会是某个范围内限定的数，但如果你创业了，让一群人为你干活，那你就把时间无限放大了，大家赚到的钱可以共同享有。其次，它可以为你合理避税，个人交税百分之三十多，公司交税7%，如果你是个人，你挣100万，可能要交税30万左右，但如果你是公司，你只需要交税约7万，你还能赚90多万。当然，还有各种各样合理避税的方式，比如同样是买一辆车自己开，你自己买需要交大部分的税，但如果你挂在公司名下买车，它就可以帮你和公司抵税。税收占我们很多人支出的很大一部分，如果你不了解税收知识，那你赚到的钱势必会比富人少很多。

PART 3
让钱为你工作——聪明人是怎样用钱赚钱的

本篇总结

1.做好资产配置，你需要了解4个账户：花销账户、健康账户、保本账户、生钱账户。

2.花销账户：用于你的日常开销，通过消费来满足基本的生存需求，比如衣食住行、水电煤气等生活必要开销。

3.健康账户：健康或医疗方面的大额开销，可以购买几百或几千块钱的医疗险、重疾险和意外险。

4.保本账户："未来储蓄"，为了未来做打算，如为老人准备赡养费，为自己准备养老保险，为孩子准备未来教育相关的费用。

5.生钱账户：理智投资，而非投机，养足够多下蛋的"鸡"，有足够多的资产。

6.配置比例：如果你有100万，可以拿其中60万在支付宝购买信托，年化收益率基本能达到6%，30万购买稳健的基金，剩下10万作为周转、应急资金，放在你随时能立刻取出的地方。

7.购置房产：未来房子能上涨并能给投资者带来较大收益的城市不会超过十个，只有超一线城市和某些一线城市的核心地段的房子才值得投资。

8.购买股票：核心是只买少部分优质资产，找到有稳固护城河的公司并长期持有。

"532止盈法"，大大降低投资中的风险

在一次财商分享中，我问大家想要多少的理财回报率。

现场很多人是理财新手，回答的有想要10%的，也有要15%、20%的，更有甚者还提出"一定要拿到30%的回报率"。我摇摇头，告诉这位同学她把理财收益想得太高了。

她说："我身边就有很多人每天晒截图，他们就都有百分之二三十的收益率啊。"

"那么，你需要搞懂的是，你理财想要理多久？"

凭借运气来赚取金钱，例如在牛市赚到一些钱是投机行为，赌博、买彩票也是，但我们在此所讲的理财投资不是短期行为，不是理一两个月、半年一年就够了。理财需要长期投入，需要5~10年的时间，并且每年保证有稳定的收益率才能致富，因为单纯一年的高收益并不能让你财富自由，只有持续不断的收益，也就是复利，才能让你财富自由。

其实，理财最关键的不是赚钱，而是先保证不赔钱。

巴菲特有著名的三大投资原则："第一，保住本金；第二，保住本金；第三，谨记第一条和第二条。"我见过很多人自诩股神，就像小时候我们常常纠结将来是考清华好还是考北大好，结果最后发现都考不上，不少理财新手喜欢以小博大，思考"我是赚15%的收益呢，还是赚30%呢？"最后他们会发现，自己不但没赚这么多钱，可能还亏了不少钱。

保证不赔钱后，你还要给自己建立合理的预期回报率。

在中国，普通人能保持三年收益均在10%以上的人不到1%，可能你会很惊讶："怎么可能？我已经有15%的收益了，我朋友圈的张三李四王五收益率都在20%。"事实上，牛市来的时候，任何人都能赚钱，当牛市来临，你这一年收益暴涨，但当牛市退去，你又如何保证自己可以每年保持高收益率呢？千万不要认为10%是一个很简单的收益率，只要你长期频繁操作，你一定很难达到10%的收益率，毕竟股神巴菲特年均稳健收益率才20%。

当你的收益达到预期回报率时，及时止盈，这是理财最重要的一点。

为什么很多人理财赚不到钱？因为小白只会止损，不会止盈。

价值投资的本质是低买高卖，当一个东西被低估时，你可以大量买入，但当你觉得它已经符合你高收益率系数时，你需要立刻把它卖出，这样你才有可能挣到钱。在我还不懂如何投资时，最喜欢做的是看一只基金涨到20%后，我觉得它还能再涨30%，结果最后给我跌到了1%。人心不足蛇吞象，没有谁是股神，懂得止盈才能帮你赚钱。止盈就好比你购买了一张奖券，当收益到达你的目标收益（如20%）后就说明它到了兑奖的时间，这种时候你就得赶紧兑奖卖出，不然你就会遇到奖兑不出来的意外！

我们可以选择使用"532止盈法"。在基金收益达到心理预期后，先一次性卖出50%，落袋为安；如果市场继续上涨，再次达到一个更高的止盈线的时候，再卖出30%；剩下的20%可以继续观察，选择适当的时机卖出。

之所以按照50%、30%、20%逐步递减的比例，是因为市场上涨的过程中，回报率逐级提升，风险也在随之增大，我们的做法，就是希望在风险可控的时期先行锁住一半的收益，降低可能的风险。

牛市到来之前，我们至少有一半的资金稳赚到了目标收益率。如果市场继续上涨，我们还有另一半的资金帮助我们再次提升收益率。两头都不亏，两头都有赚。

假如你有1万块钱本钱做了基金投资，涨20%的收益率，你的金额变成了1.2万，这时候你开始止盈。一次性卖出50%可以获得6000块钱，剩下6000块继续投资。即便这6000块一天跌10%，你损失600块，这时候你的账户剩下5400块，可以抛出原本1.2万的30%比例即3600块，这时你的账户剩1800块，假如基金继续跌10%，即你又损失180块。那么你最后的净盈利是2000—600—

180=1220块。

也就是说，如果你感觉基金达到了你的心理预期的涨幅，你不甘心完全卖出，那你可以先卖50%，这样就算跌，就算到了最坏的结果，你也能赚取收益。

止盈的另一面，是不要止亏，止亏就等于割肉，基金对你而言就是负债，因为短期的涨跌太正常不过了。当然，前提是你能保证你投资的是一家好的公司、一个好的产品、一只好的基金。

本篇总结

1.理财最关键的不是赚钱，而是先保证不赔钱。你的所有理财，都要保证自己的本金不亏进去。

2.保证不赔钱后，你还要给自己建立合理的预期回报率，只要你做的是长期的投资理财，就不要妄想收益率能达到20%、30%，能长年稳定保持在10%的收益率就已经不错了。

3.可以选择使用"532"止盈法。在基金收益达到心理预期后，先一次性卖出50%，落袋为安；如果市场继续上涨，再次达到一个更高的止盈线的时候，再卖出30%；剩下的20%可以继续观察，选择适当的时机卖出。

4.一定要止盈，当你的理财产品达到你的目标收益率时，及时卖出，等到低点时再买入持有，你才能赚钱。

人人都能躺赚的"631基金配置法"

股市里最核心的资产就是基金,因为基金经理都是买的核心资产。

普通人最应该做的投资就是买基金,因为普通散户无法对股票有完美的预判,无法做到止盈止亏,而买基金可以帮你更好地规避风险。

怎么买入基金呢?

第一步,合理配置,我有一条"631法则"。

60%买入指数基金:

中证500指数,是中证指数有限公司开发的指数中的一种,其样本空间内股票是由全部A股中剔除沪深300指数成分股及总市值排名前300名的股票后,总市值排名靠前的500只股票组成,综合反映中国A股市场中一批中小市值公司的股票价格表现。

沪深300指数，是由沪深证券交易所于2005年4月8日联合发布的反映沪深300指数编制目标和运行状况的金融指标，并能够作为投资业绩的评价标准，为指数化投资和指数衍生产品创新提供基础条件。

上证50指数，是根据科学客观的方法，挑选上海证券市场规模大、流动性好的最具代表性的50只股票组成样本股，以便综合反映上海证券市场最具市场影响力的一批龙头企业的整体状况。

但以上指数不要盲目买进，要看一下他们的估值是不是高，其实投资最重要的就是两件事：

第一，找到好的资产。有自己的护城河、能持续不断地产生价值的资产。

第二，在合适的价格买入。好的资产市场就那么多，大家也基本知道是什么。所以第二点变得更重要，这也是很多人没赚钱的原因，我之前在朋友圈晒基金收益的时候，很多人会在下面问我买的什么基金，每次一到这个时候，我都会劝告他们："我买的时候低，现在涨了，所以我能赚钱。但现在是高位，你买了就是接盘了。"所以购买指数基金的时候，大家一定要看一下，它现在的估值高还是低。

很多App，都会给你标注好它们的估值是高还是低，切记一个线，高的时候不要买入，低的时候再买入，你要学会爱上危机，爱上熊市，因为那个时候才是你该去捡筹码的时候。

指数基金从5~10年投资来看，年化收益率大于10%，是一种相对稳健的能抗跌的投资方式，不会让你赚大钱，但也不会让你赔大钱。比如，沪深300就是A股上市公司里最好的300家公司，它不是固定的300家公司，而是动态变化的。

巴菲特曾告诫新手投资者："选股要比找出未来什么会成为一个好行业重要得多。"在2021年股东大会上，他分享了2021年和1989年全球市值最大的20家公司的区别，2021年市值最高的20家公司主要为互联网和高科技行业；1989年市值最高的20家公司主要为金融行业和制造行业。巴菲特感慨30年的变迁如此巨大，前后20家公司竟没有一家重合，也就是说30年前的世界前20家大公司现在都已经没落到20以外，行业新旧交替非常明显。

产业的迭代、时代的变迁越来越快，人类在不同阶段的需求不一样，我们现在看到的很多杰出的公司，再过10年、20年很可能就会逐渐退出历史舞台，那时会有新的头部公司出现。这也是为什么巴菲特曾立下遗嘱，过世后要将其名下90%的现金托管购买指数基金，因为只有将大量资金放在指数基金，才能长盛不衰。股市是一个不断交替的过程，没有一家公司可以基业长青，购买指数基金的好处是无论这些企业怎么交替，你都能跟着投对时代的大潮，你能买很多家优秀的公司，不管行业怎么变，你可能押不对最好的投资，但是你一定能押中处于红利期的公司，一定能获得稳健收益。

指数基金之父约翰·博格认为："超过90%的基金跑输大盘，唯一能跑过大盘的只有指数基金。"如果你看好指数基金，它一旦下跌，对你来讲就是一个很好的很便宜的资产，你就可以买入。但如果你不了解指数，它越跌你越不敢买，那你就注定亏。需要额外注意的是，买沪深300等指数也要了解基金投入的公司都有哪些，比如南方中证500同样是指数基金，收益率差几个点，而中证红利基金则把中国挣钱的公司都放到一块了，收益率更高。

30%买入优秀的主动型基金：

指数基金是被动基金，主动型基金的基金经理需要每天操作，选择买什么股票。因此，你只需要做对一件事——找到最厉害的基金经理，然后定投。你需要找到经过市场长期验证过的、收益率稳定在一个值的基金经理，你需要以5～10年为维度看过往表现最好的基金经理是谁，要选择从业5年以上且每年收益率稳定在20%的见过牛市、熊市的基金经理（因为一两年的涨幅是不够科学的），他们足够专业，每天研究各种行业财报和数据，只要他们的基金一跌你就可以买入。

有的基金经理因为赌中了其中某只股票的业绩，比如2021年暴涨的某白酒，就被称为有多么神，这是不理智的。购买公募基金需要找靠谱的基金经理，因为不论基金亏盈，它挣的都是管理费。

10%买入行业基金：

行业基金是跟踪某一行业指数作为标的，实施被动投资管理的基金产品，诸如医药行业、新能源行业、白酒行业等这几个被看好的行业，你都可以买对应的基金产品。由于这部分收益较大，对应风险也高，因此建议你配置10%比例的资金即可，确保不亏钱。

指数基金可以长期持有，但行业基金相对只能短期持有。如果你买一个消费行业的基金，你就不要长期持有；同买股票的逻辑一样，如果你想靠投机赚钱，那你就得跟对大师投机。

我买了新能源行业，尤其是新能源电池，因为新能源汽车最核心的技术是电池和自动驾驶，不管哪个新能源汽车能发展起来，新能源电池都一定有市场，所以我买了带新能源电池的概念股，它就像是水一样的存在。但是，新能源行业可能也就短期五年值得投入，发展5年后如果没有太大变化，基本就是趋于稳定，缺乏投资价值。

投资买的是确定性，不确定性太强的基金不要买，集中只买一个领域的基金不要买，不确定性太强的行业我也建议你少碰，比如传媒股是非常不稳定的，谁也不能保证哪部电影是爆款电影，即便是最厉害的导演和最顶流的明星拍出来的电影也未必会带来高额收益。这类基金什么时候可以入手呢？只有当它被完全低估的时候。2020年，受疫情影响，全国影院被迫关门，传媒股一度下跌，远低于市场价值，于是我买入传媒基金，短期持有获得20%收益，然后迅速抛出，但这种机会可遇不可求。

你也可以对以上比例做微调整，比如541、451，但如果你投资基金的钱低于5万,我建议你只买几只基金甚至只买一只基金,不要一次性买入,而是找到一个好的基金持续定投,且行业型基金占比可以增大,因为钱少,亏多亏少差距不大,不如投入到高风险高回报的基金里先赚到短期收入,再持续投入更多的钱。

自测:我的基金配置合理吗?	
自测问题	我的回答
你现在投入了多少钱在基金上?	
你是如何挑选基金的?	
按照以上说法,你的基金是怎么配置的?比例是多少?	
如果你的钱低于1万,你买的基金是否在3个以内?	

第二步,避开追涨杀跌的误区,智慧定投。

市场赚两种钱,一种是价值的钱。市场存在一定的回调,每个基金都是涨到一定高点会跌,总体会实现价值回归,和市场做朋友,"别人恐惧我疯狂",高点止盈,低点买入,你就能赚钱。2021年初,基金大盘下跌,大部分人害怕基金时我重仓买入,半年已经获得15%收益。第二种是情绪的钱。绝大部分散户没有财商,只会追涨杀跌,逢高就加,逢跌就卖,追涨杀跌是散户亏钱最核心的行为。你现在看到的高收益的基金,都是别人买入很久挣了钱的，如果你在这个时候买入，一定是接盘。我以前买了某混合基金，是当年定投榜收益率最高的神基金，业绩非常好，但现在不断暴跌，没有给我带来任何回报。

如果大家都知道买什么能赚钱的时候，那你就赚不到钱了。

1929年，石油大王洛克菲勒在街边擦皮鞋，擦鞋的小孩突然对他说："先生，我给您推荐1只股票吧，包赚不赔。"洛克菲勒一听，脸色惊变：连一个擦鞋的小毛孩都知道给人推荐股票，看来股市肯定要出问题。于是他回公司后立刻召开董事会，要求马上把外面的股票全部收回来，折现成现金。大家都很疑惑，因为股价一直在涨，这个时间撤回会少赚很多钱，但最后大家还是听洛克菲勒的，把所持股票全部清仓。两个月后，股市崩盘，无数人在这场风暴中破产，而洛克菲勒及其公司却安然无恙。

如果一个基金你不能长期持有，且不能持续定投2年以上，那你就不要买。为什么？很多人希望自己可以在最低点买入基金，在最高点抛出，但现实情况是我们在高点买入接盘是件非常正常的事情。举个例子，如果你在一家水果店购买一个西瓜是8块钱一斤，在一个地摊购买的西瓜是5块钱一斤，请问你最后的买瓜成本是多少？很简单，（8+5）/2，你的买瓜平均成本是六块五一斤，这就是你两次投入的成本价。你买瓜的次数越多，那么你的成本价会越趋于市场价格。即，下一次买瓜是3块钱一斤，下下次是4块钱，再下一次是7块钱。

基金同样如此，在高点买入一只基金是一个大概率事件，如果你不能买第二次、第三次，那你就无法摊薄你的买入单价，所以你注定会赔钱，如果你定投基金，在不同阶段买入，那么你的购入成本价会持平，能保证总体收益。有的App上面有智慧定投的功能，它会以沪深300估值会基线，如果基金低于过去的平均线，它就会自动帮你多投入一些；如果高于平均线，它会少投一点，这样就能让你的收益率更高。

本篇总结

1.普通人最应该做的投资就是买基金，用631法则配置基金：60%买入指数基金，指数基金从5~10年投资来看，年化收益率大于10%，是一种相对稳健的能抗跌的投资方式；30%买入优秀的主动型基金，你需要选择至少从业5年且每年收益率稳定在20%的基金经理；10%买入行业基金，高风险高回报。

2.避开追涨杀跌的误区，智慧定投，摊平你的成本价，保证总体收益。

巧用复利，建立不怕裁员的"睡后收入"

如果你想靠投资理财赚钱，你需要拿出你未来2~3年都无须用的钱来投资，然后"忘记"这笔钱，因为长期持有才能获利。

某基金曾经对客户数据做过一个分析，想看看哪些客户投资表现最好，结果发现是下面这三类人：

1. 客户去世了，但是基金公司不知情；

2. 客户去世了，潜在的继承人打官司争夺财产导致账户长期被冻结；

3. 客户忘了自己有账户，长期没登录的。

这三类人不自觉地克服了投资者在股市中获得好回报的最大心理障碍——短视性损失趋避。

我之前有笔收益率50%的基金，就是在股票账户里有了一笔盈利，但当天因为银行卡的问题没能提取，我就把这笔钱去App里买了基金，因为数额不算特别大，后来把这笔钱"忘了"，2年后偶然发现，居然涨了50%！

有一个关于复利的小故事：

一个国王要感谢大臣，就让他提一个条件。大臣说："我的要求不高，只要在棋盘的第一个格子里装1粒米，第二个格子里装2粒，第三个格子里装4粒，第四个格子里装8粒，以此类推，直到把64个格子装完。"国王一听，暗暗发笑，要求太低了，照此办理。不久，棋盘就装不下了，改用麻袋，麻袋也不行了，改用小车，小车也不行了，粮仓很快告罄。数米的人累昏无数，那格子却像个无底洞，怎么也填不满……国王终于发现，哪怕基数很小，一旦以几何级数增长，最后的结果也会很惊人的。

这个故事运用了倍增学的原理，利用市场和时间快速积累财富。假如一个公司有4个直销商，每个直销商发展4位经销商，到第10代的时候这家公司就有1398100名经销商。而在时间上，经销商的效率是别人所不能比的，公司向4000人通过一对一的方式宣传，假如每个顾客需要20分钟。那么共需要1333小时，按照每天工作8小时计算，得166天才能完成。但是，假如通过经销商宣传，到第三代就已经超过4000人，用一天的时间完成166天的工作，是时间上倍增的魔力。同时，它也可以实现效益、人脉、营销传播上的倍增效果。我们也可以将其称为复利思维，即利滚利思维，努力使一件事物按指数增长。爱因斯坦说："复利是世界的第八大奇迹。"他认为世界上最强大的力量不是原子弹，而是复利+时间。

巴菲特历年收益率情况

年份	收益率	年份	收益率	年份	收益率
1965年	23.80%	1983年	32.30%	2001年	-6.20%
1966年	20.30%	1984年	13.60%	2002年	10.00%
1967年	11.00%	1985年	48.20%	2003年	21.00%
1968年	19.00%	1986年	26.10%	2004年	10.50%
1969年	16.20%	1987年	19.50%	2005年	6.40%
1970年	12.00%	1988年	20.10%	2006年	18.40%
1971年	16.40%	1989年	44.40%	2007年	11.00%
1972年	21.70%	1990年	7.40%	2008年	-9.60%
1973年	4.70%	1991年	39.60%	2009年	19.80%
1974年	5.50%	1992年	20.30%	2010年	13.00%
1975年	21.90%	1993年	14.30%	2011年	4.60%
1976年	59.30%	1994年	13.90%	2012年	14.40%
1977年	31.90%	1995年	43.10%	2013年	18.20%
1978年	24.00%	1996年	43.10%	2014年	8.30%
1979年	35.70%	1997年	34.10%	2015年	6.40%
1980年	19.30%	1998年	48.30%	2016年	10.70%
1981年	31.40%	1999年	0.50%	2017年	23.00%
1982年	40.00%	2000年	6.50%	2018年	0.40%

这里不得不提出一个投资界的常用定律：72法则。所谓的"72法则"就是计算资金翻一倍所需要的时间，也是复利的一种应用形式。在计算过程中，我们会用"72"除以年回报率的数字部分，得到的结果即你本金翻一倍的时间，单位是年。

举个例子，假设小A手里有10万块钱，他的年化收益率能够达到6%，那么这10万块钱想要翻一倍变到20万块钱，需要的时间就是72÷6=12年；同样地，假设小A年化收益率不变，那么再过12年后，他拥有的钱就从20万翻倍成40万块钱。

因此，我们可以得出这么一个发财的真相：你可能都没想过，你只要存够200万，你就能财富自由。因为按10%年化收益率计算，你只需要72÷10=7.2年就能翻倍变成400万，再过7.2年你又可以将这400万变成800万，利滚利之后你就能实现财富自由。

巴菲特用自己的一生证明了复利的奇迹，"人生就像滚雪球，重要的是发现很湿的雪和很长的坡"。在1957年到2018年这62年间，巴菲特的年化收益率是19.91%，只有2001年和2008年出现过亏损的情况，他95%以上的财富来自52岁以后，这一切都来源于他坚定地相信复利的力量。

人生就像滚雪球，前期的筛选很重要，你要找到好的标的，不断买入，要找到一个长长的坡和厚厚的雪，越滚越大，厚厚的雪是价值，长长的坡是时间，二者加在一起就是复利，复利是普通人能抵御时间最好的武器。相信复利，相信时间，当然这一切的前提是你能找到好的资产。复利的关键不在于收益率有多么高，而在于不要损失本金，因为一个年度的亏损需要在后面的时间里用更高的回报来弥补，于是就要冒更大的风险，这得不偿失。

巴菲特的净值

巴菲特的年龄

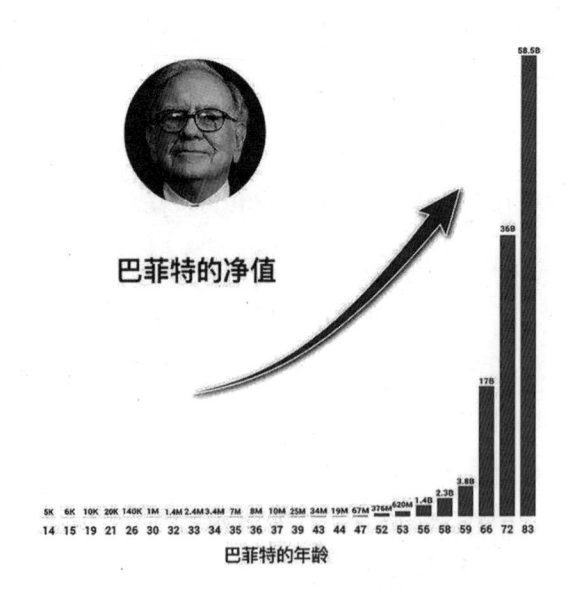

本篇总结

1.拿出你未来2~3年都无须用的钱来投资，然后"忘记"这笔钱，因为长期持有才能获利。

2.72法则是复利的一种应用形式，用"72"除以年回报率的数字部分，得到的结果即你本金翻一倍的时间，单位是年。如果你存够200万元，按10%年化收益率计算，你只需要72÷10=7.2年就能翻倍变成400万元，再过7.2年你又可以将这400万元变成800万元，利滚利之后你就能实现财富自由。

PART 4

全民自媒体时代，人人都能靠流量赚钱

提高时薪，
做个有价值的厉害的人

你是否估量过你的财富到底有多少？

大家都在说自己的月薪、年薪能拿多少，却很少有人计算过自己的时薪值多少钱。相比起月薪和年薪，时薪更能真实反映出你的价值水平。也许有人每天忙得连轴转，一天工作13个小时，一个月到手2万块钱，时薪也只有77块左右；但也有人一天工作5小时，月底到手2万块，他的时薪就能达到200块。就像我们前面说到的，事物的稀缺性往往体现在价格上，时薪200块的人，他单位时间的收入就比时薪77块的高了一倍之多，而他每天还能有8小时去做其他创造价值的事情。

我结合大部分人的经历得出这样一条公式：

你的财富=时薪×时间（时薪=实际到手收入/获得这份收入付出的时间）

请你先计算你有多少财富值，然后我会告诉你我是怎么得出这条公式以及怎么做的。

自测：财富值计算		
到手收入（每月）	劳动时间（每月）	时薪（元）
你的财富值=时薪 × 时间		

2017年我到了北京，当时实习工资月薪不到三千；四年后的现在，我的月薪翻了55倍，涨幅远超过全国涨薪均值10.1%。

在很多分享和培训的场合，我都经常被问到一个问题："吕白老师，您是怎么实现赚钱的量级跨越的呢？"

我总会向大家分享自己这几年来的经历。刚到北京的时候，我在一家新媒体公司实习，当时每天的工作就是写公众号推文，实习薪资一个月不到三千，根据每篇推文的数据会有一定的绩效加成。那时，我每天都工作超过十二个小时，只为了能写出数量更多、质量更好的文稿。推文的数据越好，我拿到的月薪也就越高。

当时效果还是很明显的，我靠着自己的努力，在实习期拿到最高5万块的月薪，但同时我也发现了一件事：这样努力得到的回报是有上限的。我可以从每天8小时工作变成每天12小时工作，通过工作时间来换取相应价值的报酬；但这只是我用一份时间换取的一份报酬，当时间达到上限的时候，我的薪资也很难再有提升。

为了突破薪资天花板，我开始思考赚钱的区别，思考那些富人是如何挣到了那么多钱的，我觉得他们肯定不只是靠时间单次出售换取报酬。

在研究了大量富人案例之后，我明白了时间与财富的关系。正如李笑来的论点：财富自由本质上是在某人再也不用为了生活的必需而出售自己的时间，财富自由本质上就是时间的自由。

这个发现，源于我在不断进行大量的输入与思考。因为我想要快速成长，成为更优秀、更厉害的人，这也就要求我要用好每一分、每一秒，不断去吸收认识、思考问题。也是在这期间，我意识到了时间是不可逆的，当年我打游戏和睡觉的时间再也无法追回。我浪费了至少三年大好时光，我在毕业之前从没觉得时间有多重要，仗着自己青春年少，总觉得自己还有大把时间可以挥霍。但现在不同了，我想要创造更多价值，同时获得财富回报，时间对我来说就变得非常重要，是不可逆且不可再生的资源，是我一定要利用好的宝藏。

这时，我就面临了多种抉择，不同的选择对应着不同的机会成本。是做个普通人，还是做个有价值的厉害的人？这个机会成本就是我在做选择的时候，需要取舍和放弃的东西的价值有多大，从而取各个可能的选择中的成本最大值。如果我选择甘于平庸，一份时间只卖一次，甚至直接挥霍掉我的时间，那我就付出了很多代价，我浪费掉了成为高价值的人的机会成本，我要承受不能成为高价值的厉害的人的代价，损失达到了最大。

此外，我还非常诚恳地想要告诉你：钱不只是有当下的钱，还有未来的钱。现在的钱大多是近期、短期的收入，未来的钱则是通过长线投资获得回报。每次在做选择的时候其实都是在诸多机会中衡量机会成本，但事实是不一定所有的机会都会跟钱有关，至少不是当下的钱。两种钱相比，我更倾向于大家去挣未来的钱，哪怕需要舍弃一部分现在的利益，也要将眼光放长远，追求长期的利益。

时间的重要性，也可以用经济学中一个非常重要的观点来论证——稀缺。经济学中的稀缺是指，相对于人们无限多样且不断上升的需求而言，现在的资源不足以满足需求。也就是说，欲望是无限的，资源却有限，相对于无限的欲望，资源长期的"供不应求"就是稀缺。这种稀缺并不是说在数量上表现出非常稀少，而是指数量有限。

每个人都能活好几十年，在不同的欲望面前，时间就体现了不同的稀缺程度。在没有努力和奋斗的欲望的人面前，时间不值钱，几十年挥霍着就结束了；但在想要创造价值、想要变得非常厉害的人眼中，时间就是最为稀缺的资源，正如古代数不清的帝王想要延长自己的统治时间，甚至派专人帮其炼"长生不老丹"，想要"向天再借五百年"。

稀缺的最直接表现就是价格或价值非常高。人才稀缺，就会导致顶尖优秀的人才身价非常高，各个公司都在为了抢夺留住人才而开出优厚的待遇。越有限，越稀缺；越不可逆，也越稀缺。时间稀缺,"寸金难买寸光阴",人们就会想利用有限的时间创造出更多价值,这不外乎两种方法,一是利用好每一秒时间,二是将一份时间多次利用,创造多次价值。我现在就处于非常渴望让自己创造更多价值的阶段,我想要成功,我必须想着把每一分钟都掰开揉碎,利用到极致。

本篇总结

1.你的财富=时薪×时间(时薪=实际到手收入/获得这份收入付出的时间)。财富自由本质上是在某人再也不用为了生活的必需而出售自己的时间,财富自由本质上就是时间的自由。

2.我们所讲的财富和钱财不只是有当下的钱,还有未来的钱,因为财富具有滞后性的特点。你现在是否正在做一些对你的未来很有帮助的事情?

学会"偷时间",将一份时间卖多次

人生改变的本质:学会"偷时间",将一份时间卖多次。

我们没办法过度增加自己的工作时长与寿命长度,但我们可以选择将一份时间花出5份的效果。在进一步了解这个理论之前,请检测一下你现在的时间投入与回报比例如何。

我们的工作时长不可能无限增加,甚至工作时长已经趋近饱和;只靠努力工作,单位时薪的涨幅也总会有上限的约束。要想两者同时提高,更是难上加难。这时候你就需要思考如何让时间的重复利用率提高。

赚钱是有三个层次的。第一层,一份时间卖一次,用时间换取等额价值;第二层,一份时间卖多次,用一份时间换取多份价值;第三层,通过批量买入他人的时间,再卖出,以此来赚取更多价值。

自测：你的一份时间回报率如何？	
问题	我的回答：
你的时薪是多少？	
你每个月需要工作多长时间？	
不改变现在的工作方式，你的时薪上限是多少？	
在你接受的范围内，你每月工作时长距离上限还有多少小时？	
你的一份时间付出能给自己带来几份回报/收益呢？	
有没有考虑过如何让时间回报率更高？	
有没有想过要当老板，而非一辈子做"打工人"？	

第一层，一份时间卖一次。这应该是大多数"搬砖人""打工人"的常态，大家在被雇用的时候，通过出售自己在单位时间内的劳动力、劳动技能来换取成果，得到的报酬也是由成果衡量后换算成的金钱价值。换句话说，为别人打工，我们往往是在出售时间，而且一份时间只能卖一次。

第二层，就是我反复提到的"一份时间卖多次"。有这个想法，是因为曾经的我在"财富=时薪×时间"这个公式中，已经达到了时间与时薪的上限值，需要寻求新的突破点才能让我的人生有进一步的改变。如果我想要收获的价值迅速增加甚至翻倍，就需要将这份时间创造的价值批量复制,让这份时间更"值钱"。

以我自己为例,我不再关注一份时间只能卖一次的事,而是寻找一些能够多次创造价值的事。比如我会给学员做定期的思维分享直播,在两个多小时的直播里,向大家分享我的观点和认知。这个过程中,就已经产生了两份价值:第一,我能够将有用的观点倾囊相授,给学员们带去更多帮助和价值;第二,在不断输出的过程中,我也在逼自己思考进步,温故知新,甚至有更好的灵感爆发。直播演讲会中讲的干货也能够再利用,创造更多的价值:每次直播我都会录音,将录音转成文字稿后,我就有了近几万字的文稿素材,可以作为我写书的预备;同时,直播时的一些精华金句,还能够剪辑成短视频,在各个平台上发布;最后,直播也能帮我梳理相关主题的知识脉络,如果我想要开设相关课程,也在直播中和听众一起完成了课程框架的梳理和搭建。

前段时间一个网络名词引发热议:斜杠青年。大家都在讲求"八小时内求生存,八小时之外求发展",但我并不这么认为。我认为生存和发展在本质上应该是一回事,谋求进一步发展的事也要和主业相关。并且,我也不认为8小时是上班的界限,尤其是对个人未来有追求、希望能够持续精进和成长的人来说,他们在工作初期需要大量地积累经验,8小时的工作很难有非常快速的提升。因为工作初期是最需要用大量时间去摸索方法、获得经验的时候,既然初期效率不够高、质量不够好,那就需要多花时间去完成工作上的事。我非常相信"长板理论"：一个人的长板要足够长才能创造价值，工作初期就需要用时间积累来获取先发优势，先努力变得厉害，才能越来越厉害，这样你就能拿到更多资源，获得更多升职加薪的机会。想要做好复业，首先就要放下"8小时工作"的观念，将谋生的工作技能放到无限大，成为你难以撼动的长板，再用长板实现变现。

同样，"斜杠青年"们喜欢做副业的现象也值得深入探讨。很多人其实对副业有一些认知上的误区，事实上，我们要做的是"复业"，而不是"副业"。也就是说，不要去做一些和本职无关的副业，比如一个教英语的老师副业是去当网约车司机。这样做收入会有所增加，但会非常非常累。事实上，想做副业的人应该关注一些和自己的经历相关、和自己的谋生手段与技能相关的东西，人一定要用自己擅长的技能去赚钱。拿我自己来说，我的本职工作是做新媒体内容，我的"fu业"就是写文章、写书，将自己摸爬滚打得到的实战经验与见识过的典型案例写出来分享给大家。这样我就将自己主业做的事情用到了复业上，所以"fu业"应该是"复业"，而不是"副业"。当你的主业和副业同属一个行业时，才是你擅长的变现，这也是"一份时间卖多次"的表现。记住，为主业付出的时间要能够在副业中有所帮助，而不是在做副业的时候还要从新的领域再出发。

前面我说过一份时间卖五次，其实，五次只是一个虚数，一份时间实际上可以卖很多次。出书、做课程、做分享、做短视频，这都是变现的方式和渠道。我用一次时间就能够创造大于等于它五份的价值，所以现在我开始有意识地筛选我要做的事：如果只能产生单次的价值，那么这件事我不会去做，因为它带给我的收益会拉低我整个收获的平均值。一份时间卖多次，就是从上帝那里偷时间，很可能这些事一件一件去做需要花一年的时间，但当我能将这个时间压缩到两个月以内，我就多出了十个月时间去创造更多价值。

第三层，自己当老板，批量买入他人的时间再卖出，从中赚取价值。到了这个层次，往往就不只是用时间去赚钱了，而是用钱买时间。创业当老板就是批量买入员工的时间，让员工用时间创造价值，再将这些价值中的一部分作为薪酬发放给员工，这之间的差值就是老板的收益。能做到这个层次的人，他们在意的往往不是钱，而是时间。将时间利用到极致的人，已经不需要考虑钱了，他们创造的巨大价值一定会伴随着金钱与物质。

如果你想致富，你就要多做后两种，少做第一种，想办法让你的一份时间多卖几次。

本篇总结

1.赚钱的三个层次。

第一层次：一份时间卖一次，用时间换取等额价值，做一份工作领一份薪资就是在将一份时间卖一次，得到的报酬是由成果衡量后换算成的金钱价值，即使时薪较高，你的收益也不大。

第二层次：一份时间卖多次，用一份时间换取多份价值，让主业和副业相结合，每做一件事情就想着能否重复利用，该模式是否可复制，如果不能，这件事就要少做或不做。

第三层次：通过批量买入他人的时间再卖出，来赚取更多价值，创业当老板就是让更多的员工用时间创造更大的价值。

2.增加时间的办法：从一份时间卖一次，变成一份时间卖多次，最后成为老板，批量买入他人的时间后，将产生的价值售出，赚取利益。

定位个人品牌，普通人也能用自己的优势赚钱

前几年火遍全网的某网络达人，靠PPT这个最普通的职场技能让大家广泛知晓，他从2008年开始更文写博客，2009年因为一个老师有PPT需求的契机，便开始接触和研究PPT制作，2017年，他已出版4本书籍，现在，他的业务已经拓展出高效学习、写作、时间管理、视频号等领域，已经帮他挣到了常人难以企及的财富。

个人品牌并不是多么高大上的东西，很多成功人士不是先成功再有品牌，而是先做了个人品牌进而取得更大的成功，从而创造财富。

美国管理学者彼得斯曾说过："21世纪的工作生存法则就是建立个人品牌。"个人品牌也是这个时代赋予每个人的机会，那什么是个人品牌？

个人品牌是：你没见过我，但你身边所有人都知道我，并且向你推荐和介绍我。

个人品牌是：提到一个领域、一个方面或一个品类，大家就会想到你；提到你，所有人都会联想到你所代表的某个符号。

个人品牌是：你能帮人解决问题，别人可以把你和某个东西画起等号，当他们在向朋友介绍你时会不约而同地提到你的某些特点和标签，你不是简单的个体，而是某个领域、解决某个问题的代名词。

我2017年初来到北京，在一家头部新媒体公司实习，写出过很多百万阅读量的公众号爆款文章，后因短视频兴起，我又入局短视频领域，因为我对做爆款内容有一定的经验积累，便加入腾讯公司专注做短视频，后在系统的大平台中琢磨出了一套方法，并出版了《人人都能做出爆款短视频》《从零开始做内容：爆款内容的底层逻辑》。从2017年初来到北京，到2020年底，我的收入已经翻了55倍。

我帮助内容从业者解决了爆款内容的写作问题，用"人话"把新媒体内容讲清楚；我帮助企业和客户通过新媒体创造爆款，从而把"吕白"和"爆款"画上等号，就形成了这个领域产生爆款的一个代名词，吕白=爆款。

这不仅给我带来了影响力，随之也带来了很多宝贵的机会和合作，也给我带来了财富。

下面，请你自测一下，你是否适合做个人品牌？

自测：你适合做个人品牌吗？	
自测：你适合做个人品牌吗？	我的答案 （5颗星，一星最不符合，五星最符合）
你是否具备一项专业的能力？	☆☆☆☆☆
在你的圈子里，你知名度如何？	☆☆☆☆☆
你是否能让别人一句话记住你？	☆☆☆☆☆
你是否能帮助别人解决一个具体的问题？	☆☆☆☆☆
当你解答别人的问题时，别人评价如何？	☆☆☆☆☆

做好个人品牌，可以给你带来更多的机会。

正如20世纪著名的美国艺术家安迪·沃霍尔所说："在明天，每个人都能成名15分钟。"而现在，我们已经到了这个"明天"。

以前，你想要通过个人品牌打造自己很难，门槛很高，你需要有传统的媒介帮你宣传推广，常人可能没法有这个成本，而现在已经到了人人自媒体的时代，只要你愿意做个人品牌，处处都是机会，哪哪儿都是渠道。

个人品牌，是当下时代给予每个普通人最有利的赚钱机会。

如果你没能把握，可能会因此错过升职加薪、溢价、阶层跃迁的机会。

现在正是一个好时机，你可以把个人品牌做起来，从而带给你更多的影响和机会，赢得更多的合作。

想要寻找较为准确的个人品牌定位，需要打造差异化能力，找到你能为大家提供某种独特的产品及服务，区别于你的同行及竞争对手，形成差异化。简单理解就是：你和别人有什么不一样，什么能力是人无我有，人有我强的。

我花了四年时间才找到"吕白=爆款"这个差异化能力。

我小时候写的作文，曾被老师夸赞；大学做新媒体时，我撰写的文章曾被广泛传播；参与新媒体实习工作时，我通过刻意练习写出了多篇爆款。

我发现，写作是我的核心优势。但只有写作还远远不够，体现不出差异化。于是我把写作和爆款结合起来，研究如何通过写作产生爆款内容。从在微信公众号写爆款，再到2018年我发现短视频是风口，到入局短视频行业，再到沉淀出短视频内容的爆款方法论，最后到进军内容营销，最终成为知乎最年轻的内容总监。这期间我一直在思考：在微信公众号赛道里，并不是只有我一个人可以写爆款；在短视频行业中我也做不到佼佼者；在内容营销里，我也跻身不到头部位置。在一次线下分享时，我有了突然的顿悟，无论是在哪个新媒体领域，爆款内容的底层逻辑都是一样的，爆款是会重复出现的，只是以不同载体和形式呈现罢了。于是我将三种能力：微信公众号爆款写作能力、短视频爆款创作能力、内容爆款营销能力相结合，最终形成了我极具差异化的能力——吕白=爆款。

如何寻找你的差异化能力，不妨问自己以下三个问题，我称之为"定位三问"：

第一，你被人夸过什么/哪些方面？

第二，别人是否愿意为夸你的点付费？

第三，你为什么东西付出最多？

第一，你被人夸过什么/哪些方面？

首先，充分了解你自己，看看自己有什么优势是被别人夸的。

管理大师彼得·德鲁克说过："一个人要有所作为，只能靠发挥自己的优势。"

你可以通过一些测试工具，去更好地挖掘自身优势，如：

1. MBTI职业性格测试，以四个维度——注意力方向（精力来源）、认知方式（搜集信息）、判断方式（决策方式）、生活方式（应对外部世界）给出不同人的偏好。

2. 霍兰德职业兴趣测试，是由美国职业指导专家霍兰德设计的测评工具，将人格分为研究型（I）、艺术型（A）、社会型（S）、企业型（E）、传统型（C）、现实型（R）六个维度，并且不同类型的共同特征和对应典型职业参考。

3. DISC测评，由24组描述个性特质的形容词构成，每组包含四个形容词，这些形容词是根据支配性（D）、影响性（I）、稳定性（S）和服从性（C）四个测量维度以及一些干扰维度来选择的，要求被试者从中选择一个最适合自己和最不适合自己的形容词。

如何挖掘自己擅长的事情？

如果你自己去了解自己的话，你可以回忆你过往的成就，回忆你曾经拿过哪些奖？哪些优势和特长曾被人夸过？通通列举出来，用一张纸记下来。接着，请思考这些事情是否有交叉的点？

其次，通过别人的反馈加强自身的认知。

为什么要通过别人的夸赞去了解你自己？因为你对自己的认知是有偏差的，你会陷入优势陷阱中，你对自己擅长的事不以为然，觉得理所应当。但殊不知，这被别人夸赞的事情，就是你的优势。

通过别人的夸赞走出优势陷阱。将他人的夸赞和对自身充分的了解，相结合取交集的部分。

可以叫上你身边的伙伴，做一次关于"你"的专访。不是采访别人，而是让别人采访"你"，让对方站在他的角度，去评价你的优点。采访对象可以是你的父母、朋友、同学以及同事，尽可能遍及各个年龄段和不同认知阶段的人，给你一个较为全面的反馈，然后你再通过这些反馈挖掘自身的优势。

第二，别人是否愿意为夸你的点付费？

对方付费，才是对你真正的认可。

你要去验证这些赞扬是否能让别人为你付费，根据你经常被夸赞的点，设计一个最简单可行的付费小产品，比如，明码标价你的

"咨询服务"，做一个付费社群，明确价值和交付结果。

如果有人愿意付费，说明对你的能力是认可的。

如果没有人付费，那你得重新思考你的方向是否不够具体，或者是不是没有迎合市场需求，需要细化和调整。

第三，你的时间、精力主要用在了哪里？

在初中时，我有一个朋友很喜欢玩电子游戏，家里人觉得他不务正业，经常训斥他："不知道书好好读，一天到晚就知道打游戏。"他不以为然。有一次，他告诉我他对游戏非常感兴趣，说他以后想开发一款属于自己的游戏。顺着游戏这个乐趣，他看了很多计算机领域的书籍，自主学习了计算机语言：java语言、C++语言等，并研究一个游戏是如何构成的。通过长时间对这项技能的学习和投入，他很快无师自通。后来，这项技能成了他的看家本领，他依靠它找到了一份好工作，在工作之余，他还将自己学习计算机语言的经历和经验制作成课程分享出去，打造了一个"会玩游戏还会造游戏"的个人品牌，这又为他在主业之余额外带来了一份收入。

莎士比亚曾说："学问必须合乎自己的兴趣，方可得益。"

你不妨抽出时间，静心整理你过往所花的时间精力，你付出占比最大的几个大板块就是你的兴趣和擅长所在，而你的这些兴趣也将成为你个人品牌的"定海神针"，以此为你的定位，并大放异彩。

下面，可以自测一下，你的差异化能力有多强？

自测：你的差异化能力有多强？	
自测：你的差异化能力有多强？	我的答案 （1~5颗星，1星最不符合，5星最符合）
你是否足够了解你自己？	☆ ☆ ☆ ☆ ☆
你是否有做过文中给出的或类似的性格职业测试？	☆ ☆ ☆ ☆ ☆
你擅长的事情是否经常被别人夸赞？	☆ ☆ ☆ ☆ ☆
别人向你付费的意愿有多大？	☆ ☆ ☆ ☆ ☆
你是否有一项你认为可以变现的兴趣？	☆ ☆ ☆ ☆ ☆
你的兴趣是否为你所用？	☆ ☆ ☆ ☆ ☆

本篇总结

1.什么是个人品牌？

（1）你没见过我，但你身边所有人都知道我，并且向你推荐和介绍我。

（2）提到一个领域一个方面一个品类，大家就会想到你；提到你，所有人都会联想到你所代表的某个符号。

（3）你能帮人解决问题，别人可以把你和某个事情画等号，当他们在向朋友介绍你时会不约而同地提到你的某些特点和标签，你不是简单的个体，而是某个领域、解决某个问题的代名词。

2.当今人人自媒体时代，个人品牌是当下时代给予每个普通人最有利的赚钱机会。

3.品牌定位：打造你的差异化能力。定位三问：第一，你被人夸过什么/哪些方面？第二，别人是否愿意为夸你的点付费？第三，你为什么东西付出最多？寻找你的差异化能力。

投资自己，提高你的收入上限

人生前30年最好的投资标的就是你自己。

为什么毕业5年就能快速拉开人与人之间的差距，即使是同学校、同专业毕业也是如此？因为大家的"操作系统"不一样。人和人之间的差距，都藏在你们做事的底层思维和操作系统里，一套成熟、完善的操作系统能给你带来巨大的收益。

假设你的底层认知刚刚搭建起来，你的操作系统是0.1，而我的操作系统是1，如果我们达到同样的10倍收益率，你的收益回报是1，我的是10；如果收益率是100倍，你获得的是10，我获得的是100，两人的差距依旧悬殊。

所以，底层的操作系统很重要，你要扎根足够深，才能长成参天大树。

提升操作系统、增加收入，最核心的方式是成为一个领域的具有稀缺性的专家。

很多人在金钱上精打细算，一味想着靠省钱来增加财富值，除了吃穿用度的必要支出外，所有钱都攒下来做投资。但大家往往会有一个误区：只用省下来的钱投资基金，投资股票，却从未有"投资自己"的想法，这反而是一种错误的观念。大部分人每个月到手的收入是定值，能够省下的钱也有上限，而投资自己，能提高收入的上限，也就有更多资金可以用于新的资产投资。

投资自己能获得长期回报的东西，比如，报个辅导班，学个新技能，考个专业资格证，虽然它们不是在付出金钱和时间的时候就能看到立竿见影的效果，很难获得即时满足，但能给你带来更长期的价值。在越早的时间投资自己、充实自己，你就有越多时间去享受这份投资的回报。原因有三：第一，人在30岁前精力充沛，学习能力强，也没有太多生活上的事需要顾虑，这是进步最快的黄金年龄段；第二，年轻人总是对世界充满渴望与热情，他们不会轻易认命，希冀着有更广阔的天地去拼搏；第三，年轻的时候，时间更好调配，机会成本更低。比如大学生在校期间想要考取驾照是件很容易的事，一旦进入社会开始上班，想要去考驾照就要挤时间去练车刷题目，成本几乎翻倍。

我在很早的时候就赚到了自己人生的第一个100万元，但也证明了一句话：凭运气挣来的钱，凭本事全都亏完。当时我就是一种暴发户心态，拿到这第一桶金之后，所有的心思都用在了怎么买奢侈品上，钱包、腰带、T恤，我买了很多。现在想想，当时的自己就是穷惯了，忽然一下得到一笔数目不小的钱，就急需通过购买各种奢侈品来"证明"自己的品位和身价。

除了买奢侈品，我当时还有另一个坏习惯：不懂却要乱投资。觉得自己手里有钱，想要钱生钱的我和同学一起投资了一家宾馆，还买过一些"消息股"，都是些听说还算不错的东西，自己从不深入研究就盲目跟风投钱，结果自然是赔光了。在我彻底赔掉这个100万元之后，我才开始思考，现在我还不具备用现有的钱去产生更多的钱的能力，想要继续赚钱，我就要发挥自己的特长，在一个领域内做到极致，成为专家，这样就能提高自己的时薪，获得更多收益，这个想法也帮我很快赚到了第二个100万元。

我赚到的第二个100万元，就不只是靠运气了，而是有意识地去靠能力和特长赚钱。我熟悉新媒体内容运营，因为入行早，有了几年实操经验和成果，也算是领域内"小有名气的专家"。于是我当时开始给其他的公司或团队做新媒体内容培训，通过培训赚到了一些钱。同时，我从2014年开始做微信公众号，在公众号火爆的时候，我发现可以通过合作推广来赚取收益，于是也帮一些App做推广，在这个风口上赚了一笔。人生想要赚到大钱，一定要踩中风口。在风口来临的时候，靠自己擅长的事都能赚到一笔钱。可这里需要注意的是，在风口赚到的"快钱"却不一定和一个人的真实水平对等，因为很可能在他的认知水平上，他是赚不到这么多钱的，当认知和手中财富量不匹配的时候，这些财富会被很快亏掉，再次恢复到和认知匹配的财富水平上去。

我的第三个100万，更是我有意识去寻找风口，在风口上用自己擅长的事赚来的钱。当时我踩中的风口是"知识付费"，在知识付费的大潮流下，我将自己的特长做成了一门付费课程，教大家如何从零基础进行写作，通过写作进行变现。这门课程到目前已有39万人次付费收听，可能是全中国销量最好的知识付费课程了。这门课程带给我很高的收益，同时也因为课程火爆，我将课程的内容改写成书籍，由中信出版社出版，也售出了将近4万册。课程和书籍除了为我带来了财富，还伴随着更高的名气，有更多企业团队愿意付翻倍的价格请我去做培训。就这样，我以更快的速度赚到了自己人生中的第三个100万，并且更加稳妥，此时的我不再是误打误撞踩中风口、乘着风口捞一波快钱，而是有意识地去寻找风口，在风口上用擅长的点赚钱，成为这个领域的专家。

所以，如果想要提升财富总量，就必须做出改变，提升单位时间的价格，尽力去够到行业领域内的薪酬"天花板"——成为领域内的专家。当你达到领域内的头部水平时，你的时薪自然就接近甚至成为业内薪酬的最高阈值。

当然，我们还要明确一件事：时薪能够反映一个人的水平，但不一定和当时当刻的价值水平完全匹配。人生中总会有很多被低估或高估的时刻，而且往往被高估的时候居多。在求职筛选岗位的时候，一定要时刻谨记：你的时薪、你的价格，一定是要回归到价值上的。我在挑选公司的时候就不只是看公司能给我多少钱，而是更关注这份工作中能不能让我学到新的知识或是更值钱的技能，这份经历能否让我在几年后达到价值翻倍。永远不要为了工作而工作，而是要找到这份工作、这个公司能够带给你的价值和收获，这比短期的收入要有用得多。

我当年选择去某公司工作的时候，其实就是自降薪酬，只能拿到原先一半的时薪。当时很多人都不理解我的选择，认为我完全可以去做有更好待遇的工作。但当我从该公司离职之后，我的时薪已经是进公司前的好几倍了，因为我的价值是翻倍上涨的。所有的价格都是表象，本质上一定是回归价值的。自身的价值越高，反映在价格上也会相应越高，即使一段时间内价格并不是价值的对等体现，请相信，这一定是短期的，从长线发展的角度看，价格一定是与价值慢慢趋同的。或许短期内你的价格、你的时薪不会立刻达到均值预期，但从长远角度来看，你反而能收获更多的财富与价值。

财富具有一定的滞后性。当你达到了一个水平或阶段，你的财富并不一定会立刻与当下阶段相匹配，而是会滞后于你的成长，最终渐渐持平。

著名的荷兰后印象派画家文森特·凡·高的画作几乎都是艺术界的名品，他的画作《加歇医生的肖像》在1990年拍出了8250万美元的天价。很多人都羡慕凡·高的成就，却并不知道他生前一直籍籍无名，当时鲜少有人知道他是一位画家。在凡·高生前，他本人的作品售价也并不高，生活经常穷困潦倒，还需要靠弟弟提奥的接济勉强度日。在凡·高37岁时，他终究没能敌过精神疾病的折磨之苦，选择了开枪自杀。或许在他去世时，他根本没有想过自己的作品在未来能有多高的艺术价值，甚至能享誉世界。

凡·高在离开这个世界前的两年里，受尽了精神疾病的折磨，他知名度较高的一些画作，也大多在这两年时间内完成，可他并没有在自己创作作品后就立马收到世界的回馈，他依旧穷困、孤独，在家人的接济下艰难度日。但这并不能说当时凡·高的创作水平能力不足，而是他的过早离世让他失去了享受名与利的机会。凡·高死后，他和他的作品反而声名大噪，逐渐成了艺术机构和富豪们争相追逐的对象。这就是因为财富的滞后性。

将眼光放长远你会发现，现在自己做的一切有效的努力，每一次成长和进步，都会逐渐得到世界的馈赠。这个世界会在你拥有足够的能力后，逐渐将你的价值以各种形式反馈给你，包括但不限于金钱、名气、威望甚至是你内心的富足。

同时，付出不一定会有回报。有太多人尝过付出却得不到同等回报甚至毫无回报的滋味。我当初在新媒体公司写文章，总觉得自己付出了大量时间精力打磨的稿子一定会成为爆款，结果有的在上司那里没能过稿，有的在被发布前就夭折了，何谈收获"爆款"这样的回报。后来，我在不断调整自己努力的方向与切入点的过程中发现了这个事实，于是我想给"付出就会有回报"加个条件，变成"稀缺性的付出，才会有回报"。这个世界有太多人努力了，比如清洁工在自己的岗位上辛勤付出，但这些付出并不能带来多大的回报，因为它的可替代性太强了。如果你要做，就去做那些稀缺性的付出，这样才会有高回报。

1923年，美国福特汽车公司的一台巨型发电机突然出现了故障，导致整个车间难以正常运转和生产，相关业务也都被迫停了下来。福特公司内的数十名工程师在一起研究、讨论，花了半个月的时间给出了多套模拟检修的方案及可能的结果，还从外部聘请了大批检修工人反复检查，也找来了不少国内专家商讨对策，但这些努力都没能修好那台发电机。发电机停用影响的是整条生产线，在汽车刚刚火起来的时候，每多停产一天都是一笔巨大的损失；并且那台设备过于昂贵，如果修不好或报废了，重新购入一台需要太大的资金投入，于是公司高层决定，去聘请德国著名的电机专家斯坦门茨来帮忙。

斯坦门茨来到发电机旁，认真地到处敲敲打打，仔细听电机运转的声音，还找来了梯子爬上爬下地查看电机情况，两天两夜后，他终于在电机的线圈顶部用粉笔画了一道线，并告诉众人："将我画线的地方，拆掉16圈线圈。"工程师们立刻照办。神奇的是，电机恢复了正常，停滞的生产线再一次运转起来。因为这一道线，斯坦门茨开出了一万美元的"天价"，周围人纷纷指责斯坦门茨的无理报价。要知道，当时福特公司在美国有一句很经典的口号，叫

"月薪5美元"，多少人为了这5美元从美国各地来到福特就业，可斯坦门茨为了这一条线开出的价格，相当于福特公司一位普通职员将近167年的收入总和！斯坦门茨听说了周遭人对他的议论，于是给这次维修开出了账单：用粉笔画一条线，只需1美元，但靠本领找到要在哪里画线，价格9999美元。福特公司的高层们听了这个消息，一致同意按照报价支付酬金，并且想要重金邀请斯坦门茨加入福特公司。

两天两夜画出的一条线，就值当时一个人工作三辈子都很难挣到的钱；可那些苦苦研究了半个月的工程师们，却没有收到任何回报。由此见得，真不是所有付出都能有收获，而是稀缺的付出才会有价值和回报。

如果你成为一个领域的专家，就可以做一些咨询、培训、课程、演讲、写书、拍视频等等，搭建自己更高层级的变现体系。

无论是课程、咨询，还是培训，都应该有主题，比如有的人是讲效率，有的人是讲复盘，有的人是讲职场，有的人是讲爆款。因此，你需要先把你的核心给定好，基于你的个人品牌定位，思考你怎样去做用户的细分和引流的变现。

咨询

初期需要先培养自己的种子用户，你可以先从免费开始做起，比如发朋友圈或者是在一些公域平台招募，写清楚自己想做什么，能提供什么主题的咨询，能帮助用户解决什么问题，比如心理咨询、职场生涯规划咨询。设定好你的时间，一次半个小时到一小时。计划好你的流程，开始咨询前是否需要让对方填写什么材料，或者是提前让客户把他们的有关介绍和问题发给你。

在咨询过程中，你可以有意识地积累文字、素材，把一些对话截图或者是沟通完之后的反馈报告整理起来，作为你后续更长远的内容资料储备，比如有的咨询师就会在咨询前后给客户发文档资料，既有助于提前了解客户，又能将一些文字留存下来，以后做课、写书都是很好的材料。免费咨询的这段时间，如果客户方便，你可以把一些咨询服务和学员对你的反馈发到朋友圈，分享你今天接了什么咨询，帮助客户解决了什么问题，把你的内容做一些抽象的整理，其他的好友看到一次、两次后就会对你的咨询服务产生兴趣，开始找你沟通交流。

逐渐的，当你积累10个、20个、50个咨询个案之后，你就可以开始收费，初期不用定太高价格，可以用"一杯咖啡的价格"或者是"吃一顿午餐的价格"来定价，对用户做一次初期的筛选，以你更专业、更系统的方式去帮助他们解决问题，后期再视情况逐步涨价。

培训

咨询主要是一对一或者一对几，培训则是一个一对多的过程。培训对你的专业能力和素养有更高的要求，你要有一个比较好的标准操作程序,思考你这场培训要给别人讲清楚什么内容;基于主题去做一些准备,如一份PPT课件,一些现场互动方式,演讲表现形式等等,这些都需要用心设计好,因为你需要关注的是你能不能交付比较好的内容,在培训时能不能调动所有用户。

在初期培训前,可以先尝试做一场线上或线下的分享交流活动,找到愿意来听你传播知识观点的用户,从他们那里收集反馈并优化你的分享。当你积累了口碑,有了一些客户群体之后,他们会口口相传,你就可以去免费帮助一些企业做培训分享,进而积累案例并逐步过渡到付费培训。

训练营

基于咨询和培训,你通过一对一、一对多帮助你的客户解决的问题、收集的资料以及给出的解决方案,可以整理出一些共性的问题,如针对某一类问题的系统解决方案,以解决问题为目的,把解决一类问题分成若干份,开展付费训练营,建议时间不要太长,一两周最佳,超过三周的社群一般活跃性会直线下降。

在训练营中设计好开营仪式、训练营的交付内容、训练营中标准操作流程,注重交付和互动。开始训练营前,你可以先搜集训练营学员的目标和期待,在训练营中选取一些优质的反馈,同步发布到朋友圈,展示你的训练营以及你提供的价值和服务。在发布朋友圈时,你需要掌握一个度,配合你的日常社交和生活,切忌清一色地发布你训练营所有的内容,这样会过于营销化,通过生活朋友圈和训练营朋友圈交叉,突出你的内容,更容易转化和成交。

课程

在参与的训练营或咨询中,你可以了解你的客户和伙伴后续的反馈,可以问询是否解决了他的问题,在实践中是否有困难?多与他们互动,做内容性的复盘,完善自己在训练营中的一些缺失和不足的部分,然后把这些整合起来形成你的课程,可以是文字内容,也可以录制成音频课程、视频课程。

如果你暂时不知道课程是如何做的,形式和架构需要怎么设计,你可以研究市场上别人的课程是什么样的,去拆解市面上优秀的课程,为你设计课程提供参考。

出版书籍

当你做了咨询、培训、训练营、课程之后,你对某个细分领域一定足够了解,也有一定的客户案例,你可以考虑通过出版书籍作为杠杆,放大你的势能。

依靠你现在的资源和影响力,找到出版社,精细打磨你的课程文稿和咨询案例资料,按照书的逻辑结构改写,整理成书。

在整理书稿时,你可以尝试"互动式写作"。在原有内容的基础上,去收集你所研究方向的问题,通过互动的形式交流,录音转文字，互动共创，这样你的内容会更加接地气，也会更让读者容易懂。

本篇总结

1.人生前30年最好的投资标的就是你自己。提升操作系统，增加收入最核心的方式是成为一个领域的具有稀缺性的专家。

2.时薪能够反映一个人的水平，但不一定和当时当刻的价值水平完全匹配。人生中总会有很多被低估或高估的时刻，而且往往被高估的时候居多。

3.稀缺性的付出，才会有回报，你要找到你擅长且稀缺的领域付出，稀缺性才会给你带来高价值的回报。

4.成为一个领域的专家后，基于你的个人品牌定位，定好你分享的核心，通过咨询、培训、训练营、课程、出版书籍，进行引流转化变现。

练就这3个能力，扩大你的自身影响力

很久之前，我在知乎上看到过一个很火的问题，叫"人最重要的能力是什么？"截至现在，这个问题已经有1400万的浏览量，10余万人关注。当时我只是看了些热门回答，觉得大家说的都有一定的道理，可我并不知道自己认为的最重要的能力应该是什么。

其实，绝大多数人的前20年，都只被考察一个能力——考试能力。从小升初、初升高、高升本，几乎每一道重要关卡都是由考试能力决定，我们不乏看到很多学习成绩很好、出身名校的人在工作中屡屡碰壁，这大多是因为他们10余年的学生生活都在反复被确认考试能力，而忽略了其他进入社会必备的技能。

直到我工作几年后，了解了不同的赛道、不同的职业，结交了不少跳出传统考试体系也能过得很好的朋友后，我才总结出答案——人最重要的三大能力是：写作能力、演讲能力与销售能力。这三大能力的本质，其实都是在一对多地服务他人，为他人提供价值。在现如今的互联网时代,影响力是最能变现、最能赚钱的方式,将其拆解在具体的点上就是写作、演讲与销售。这三点,都在帮一个人实现"一份时间卖多次"。

写作能力

首先,请自测你当前的写作能力如何?

自测:我的写作能力	
自测:你的写作能力如何?	我的答案 (1~5颗星,1星最不符合, 5星最符合)
你平时有记日记、写随笔的习惯吗?	☆ ☆ ☆ ☆ ☆
你会觉得写作是一件令你头痛的事吗?	☆ ☆ ☆ ☆ ☆
你对写作有抵触情绪吗?	☆ ☆ ☆ ☆ ☆
你觉得写一篇朋友圈文案难吗?	☆ ☆ ☆ ☆ ☆
你觉得写工作报告对你来说有难度吗?	☆ ☆ ☆ ☆ ☆
有没有人经常夸你写作功底强?	☆ ☆ ☆ ☆ ☆
你有在报纸、刊物上发表过文章吗?	☆ ☆ ☆ ☆ ☆
你有在公众号等平台发表过文字吗?	☆ ☆ ☆ ☆ ☆

在九年义务教育普及的时代,人人都会写字,但不一定人人都会写作,甚至很多人并未意识到写作能力其实充斥于我们生活中的方方面面,我们并没有意识到它的重要性。

但那些意识到写作的重要性，并将其发挥出来的人，都借此获得了一笔财富。著名媒体人、财经作家吴晓波曾给自己定了一个目标：一年写一本书，一年买一套房。他也是这样践行自己的观点的，迄今为止出版了10余本书，购入了数十套房产。他到现在都坚持每周写作至少六千字，笔耕不辍。如果用我们的财商理论来拆解他的目标，可以发现，"一年写一本书，一年买一套房"这个目标，其实就是增加收入，买入资产的过程，吴晓波在不断强化自己的收入能力与投资能力。首先，写作是一件一份时间可卖多次的行为，保持每年出一本书，这本书不只是在当年能够带给他收益，此后多年依旧能源源不断地为他带来收入，扩大其影响力；其次，购入非自住房产是一种投资行为。他意识到买房是可以作为资产，为他带来收益的，所以用赚到的钱不断地购入资产，这也符合我们的资产配置理论。吴晓波曾经谈到，自己定下这个目标的原因之一来自他的偶像——日本著名作家村上春树。村上春树在29岁时出版了《且听风吟》，并凭借此书一举成名。之后村上春树坚持创作，每年都出一本书，既保障了作品量的稳步增加、写作能力不断精进，也保证了自己能长期活跃在读者面前，让大家有所谈论，有所期待。他通过写作完成了自己的思想传播，也让更多人记住了他和他的作品。

由此见得，写作能力的本质，就是实现"一对多"，实现一份时间卖多次：你一个人写的东西会被好多人看到。这里所说的写作不拘泥于你一定要出书、写长篇文字，它可以是多种多样的，比如写一篇随笔，一篇短文，甚至是一条朋友圈文案，在社群做一次分享……写作的力量，在于你一次输出的文本能够长时间保存并传播，相比单点的一对一输出，价值更高，长尾效应更强。

演讲能力

写作和演讲虽然都是在做输出，但也有不同。写作能力是帮我们把自己的思想记录下来给别人看，这需要他人主动去看才能吸收知识；而演讲能力可以帮我们把我们的思想直接讲给别人听，比起看文字，大家更能快速直观地看到我、听到我。演讲能让你以清晰立体的图像呈现给观众，这也能让更多人愿意帮助你完成传播。这其实也是一种正向循环，你有可以给大家带来价值的思想，并把这些内容讲出来，第一批看到的用户就会深表认同，甚至自发为你转发和传播，让更多的人看到你；看到你的人越多，能够认可你的人也就越多，从而开启新一轮的转发传播，这样你的影响力就在这个正循环中被不断放大了。

当然，演讲需要的能力要求与写作也是有差异的，演讲更加需要临场应变的能力与表现能力。相比写作而言，演讲几乎都是一气呵成的，准备工作大多在演讲前完成，你需要做的就是在演讲开始前准备好一切，包括各种临场出状况时的解决方案；演讲也需要一定的表现力，包括但不限于姿态、神态、语音语调等，与观众的链接性要强于写作。真正的演说高手，往往都有着强大的人格魅力，并且善于将这一面表现出来，在演讲期间就能牢牢吸引观众注意力，并把他们变成自己的粉丝。

"Stay Hungry, Stay Foolish（求知若饥，虚心若愚）。"这是苹果公司创始人史蒂夫·乔布斯于2005年受邀到斯坦福毕业典礼上做演讲时说的一句话，这也是那次演讲之所以被世人传播的点睛之笔。乔布斯深谙演讲之道，他曾说："演讲已经成了商业沟通的必需。"每次苹果公司的新品发布会都会吸引千万人观看，除了本身对苹果品牌的信任，大多数观众更想看看"这次发布会乔布斯会介绍什么，他会怎么介绍公司的新品"。

我曾拜读过卡麦恩·加罗撰写的《乔布斯的魔力演讲》这本书，当时只是觉得内容很是吸引人，最近翻开重读才有了新的更深的理解。乔布斯本人很擅长演讲，除了拥有强大的逻辑与过硬的表达能力，他更懂得如何去抓住观众的注意力与好奇心，并借由"演讲"这个媒介向大家传播自己的影响力。

演说家为什么会成名？他们大多是靠着自己的一张嘴走遍天下、讲遍天下的。能用短短数言就让对方产生心理认同与情感共鸣，并不是一件容易的事。他们需要有强大的演讲能力，更要有很强的情绪感染力与亲和力，能让观众迅速被其吸引，甚至为他的才华热情、人格魅力所折服。

我国古代的文人志士，大多都是政治家、权谋家与演说家的结合体。张仪、苏秦、管仲、鬼谷子……他们游走于各国之间，靠自己的演讲能力说服各国君主，靠到处游说散播理论，扩大影响力。如若没有演讲力，空有满腹经纶却难与人言说，他人又怎么能知道此人能力高低、道行深浅呢？

如今早已不是"酒香不怕巷子深"的时代了，相反，现在是"酒香也怕巷子深"。同一领域内人才辈出，不会表达和彰显自己、不会扩大影响力的人终究会被淘汰，因为没有人有义务去主动了解你的经历与成就，没有人有义务去猜你的意图，不通过吸引人的演讲来传播自己的影响力，很难获得被动的认可。

下面，请同样用自测表检测一下，你的演讲能力如何呢？

自测：我的演讲能力	
自测：你的演讲能力如何？	我的答案 （1～5颗星，1星最不符合，5星最符合）
比起写作，你更喜欢用聊天、演讲来表达自己吗？	☆☆☆☆☆
你有过面对超过50人演讲的经历吗？	☆☆☆☆☆
你会对公开演讲有抵触情绪吗？	☆☆☆☆☆
你在做演讲前会怯场/过度紧张吗？	☆☆☆☆☆
你在做演讲时是否会因为紧张而忘记自己的内容？	☆☆☆☆☆
有没有人夸过你的表达非常有感染力？	☆☆☆☆☆
你会主动选择去做演讲吗？	☆☆☆☆☆

很多人认为自己欠缺演讲能力，无法做好一场演讲。我最初也很难完成一场不错的演讲，也会讲得干巴巴的、毫无吸引力，甚至有时候会紧张到忘记自己在说什么。

事实上，几乎没有人是天生的演说家，都是经过大量练习才成就的。古希腊著名演说家德摩斯提尼天生口吃，吐字不清，第一次演说时甚至被观众轰下了演讲台。此后，他坚持每天含着石子练习演说，对着镜子练习演讲姿态与神态，同时还大量研究古希腊的诗歌、神话作品，最终，丰厚的底蕴和长期的演说练习给了他卓越的演讲能力，他也由此成了古希腊著名的政治家、演说家。

为了练习演讲能力，我也会先去模仿优秀的人的做法，通过不断地模仿、练习和研究，找到适合自己的演讲方法。我曾经的演讲一点儿都不风趣、轻松，只是机械地分享我的观点和思想，最多加上一些照本宣科的案例，所以现场总是死气沉沉，无人呼应互动。为了改变这一点，我看了很多国内外的经典脱口秀节目，我会去揣摩演讲者是如何在一场演讲中抛梗、接梗，最后再回归到核心话题的。在这期间，我也不断打磨自己的一些演讲稿，反复对比。渐渐地，我才能开始在演讲的时候说出一些段子来吸引大家和我互动。

如果你会在演讲时怯场，也别担心，这其实是源于生物的本能反应。人类在不熟悉的环境中会有本能的警惕心理，这是深深刻在我们基因里的反应，这也是为什么我们对着自己熟悉的人说话就不会感到紧张，但面对陌生人或在集体场合发表公开演讲的时候容易怯场，因为我们对场合不够熟悉、对场合中的参与者不够熟悉。要想消除这种不良状态，那么，不要强行压制这种本能，你可以尝试在演讲环境中找到熟悉感与安全感。比如，我会在一次演讲中准备一系列的梗——至少三个梗，环环相扣，这些梗里至少有一个一定能得到观众的正面反馈，能获得观众的掌声，因为我的熟悉感源于大家的掌声，收到掌声我就会立刻抓住这种被肯定、被认可的感觉，完成我接下去的演讲。同时，我还会在演讲现场找一些熟悉的东西，比如熟悉的面孔，这些熟悉的感觉能让我内心放松下来，快速进入演讲状态。

销售能力

写作和演讲能力更倾向于传播，而销售能力则是实打实地让交易落地。做销售的本质，就是能否打消用户的所有疑虑，在短时间内让别人对你和你的产品表示认同，并愿意为你付费买单。很多人认为做销售没前途，没门槛，不需要太高的学历，人人都能做。其实不然，销售是一种能力，而不只是一个职业，人人都应该拥有销售能力，尽管很多从事销售工作的人都未必拥有销售能力。

请根据下表完成自测，检测一下你的销售能力水平。

自测：我的销售能力	
自测：你的销售能力如何？	我的答案 （1~5颗星，1星最不符合，5星最符合）
你的工作是否与销售相关？	☆ ☆ ☆ ☆ ☆
如果从事销售工作，你的销售能力在公司内排名如何？	☆ ☆ ☆ ☆ ☆
如果不从事销售工作，你尝试过推销一件东西吗？	☆ ☆ ☆ ☆ ☆
你能够在短时间内将一件事/物品向对方表达清楚吗？	☆ ☆ ☆ ☆ ☆
你向他人"安利"一些产品、影视作品或明星时，成功概率大吗？	☆ ☆ ☆ ☆ ☆
你会觉得向他人销售、促成交易是一件很难的事吗？	☆ ☆ ☆ ☆ ☆
你向他人"推销"过自己吗？	☆ ☆ ☆ ☆ ☆

《富爸爸穷爸爸》的作者罗伯特曾分享过这样一段经历：

在新书签售会上，罗伯特在给粉丝签名。一位女士走向他，请求签名的同时还询问了一个问题。

她问道："罗伯特先生，我拜读了您的著作，觉得内容写得非常好，我也颇有感触，不过现在我可能需要您的一些具体的指导建议。我现在的情况是，我已经拿到了英文文学博士的学历文凭，目前还打算继续在学校深造，但我最近离婚了，两个孩子归我抚养，现在的财务状况有些窘迫,房子已经抵押出去了,现在银行要收回我的房子,可我不能让孩子们露宿街头。这种情况我要怎么做才能立刻改善我的财务状况呢?"

罗伯特听了她的问题,给了个人建议:"已经博士毕业了吗?那好,现在的状况是你最好去找一份销售的工作去做,卖车卖房卖什么都可以。"

女士一听,立刻拉下脸来:"我已经在文学领域研究多年,拿到了博士文凭,有自己的研究,为什么让我去做销售呢?我诚心求教,您也不必这么侮辱我吧?"

罗伯特发现她理解得不太对,赶忙向她做出解释:"我没有任何侮辱你的意思,女士,我是想说,你应该从销售中学会如何包装自己,将自己'销售'出去。现在美国只有不到0.01%的人有博士文凭,你应该做的就是提高销售能力,之后将自己高水平的作品销售出去,不用多久就会变得有钱了。"

显然,这位女士对销售能力有不小的误解。她并没有意识到,销售能力的缺失才是导致自己财务处状况难以缓解的元凶。很多人都认为销售只是在做推销,只是不停说服顾客购买产品而已。但真正的销售能力其实是短时间内为对方说明情况,并打消其顾虑,让对方对你产生认同情绪的能力。这个能力并不只是用在销售上,还有很多场合会用到:比如升职加薪的汇报会,你需要向老板做出汇报,但因为销售能力薄弱,你很难将自己推销给在座的领导,这就导致即使往往业绩突出也不容易拿到这份升职加薪的机会；再比如创业，比起打磨客户服务，能将产品销售出去，公司才有盈利的可能，甚至毫不夸张地说，销售也是一家公司里的"核心岗位"之一了。

也就是说，销售并不只是在销售产品，更多的是要去销售人。做销售的本质，就是能否打消用户的所有疑虑，在短时间内让别人对你和你的产品表示认同，并愿意为你付费买单。

在销售能力的体现过程中，大家常常会碰到一种情况：双方交流得很好，但用户就是不下单，就是不付费。这种时候，就是对一个人销售能力最大的检验。首先，一定要明确用户到底需要什么，他到底想要什么价值，他的需求有多么强烈。如果销售过程中连用户需求都不能明确，那这次交易大概率不会成交。所以我们一定要注意站在用户角度去想：阻碍这次交易成交的原因是什么，用户有什么顾虑，还有哪些没有达到用户的心理预期。我曾经购买车险就遇到了这种情况，我想要知道有没有更低的价格，但对方销售员一直顾左右而言他，最后也没有给出我想要的答案，于是，我的好感度下降，最终选择了另一家车险。

最后，还要适当有一些销售小技巧：福利，优惠，或者是通过话术来引导，这都是促成交易的有力抓手。如果销售员直接告诉一个人，这个产品打八折，那么客户就会想要更低的折扣；如果销售员在介绍时说产品打九折，在一段时间后回复客户，自己请示了领导，申请到了专属优惠，能打八折购买，那这种情况更能促成交易。很多客户买单是因为觉得自己占了便宜而买单，虽然不一定真的占了便宜，但是用户喜欢这种占便宜的感觉，这让他觉得他在你这里是被特别对待的。

写作、演讲、销售这三种能力其实也是互通互促、相辅相成的，没有哪个最优先，没有哪个最不重要。想要培养三大能力，可以从自己最擅长的方面入手，培养起其中的一种能力后再转向下一种，各个击破。这三大能力最本质的都是你要为用户提供价值。影响力的传播、产品的销售本质都是在做价值的传递，只有用户真正能从你这里感受到价值，才会有下一步转发和付费的行为。

瑞士作家凯勒曾在《绿衣亨利》中写道："我认为，人类的一切成就之所以有意义，只是由于这些成就是人类的能力的表现。"那么，你想通过自己的三大能力取得多高的成就呢？

本篇总结

1.人生三大能力的本质：写作能力、演讲能力与销售能力都能提高时间利用率，实现一份时间卖多次；

2.写作能力：一次写作时间的投入，能够带来长期且多次的回报，源源不断地带来收入，长期帮助放大影响力；

3.演讲能力：将你以清晰立体的图像呈现给观众，更加直观生动，使其对你产生认同感与情绪共鸣，这也能让更多人愿意帮助你完成传播；

4.销售能力：本质就是能否打消用户的所有疑虑，在短时间内让别人对你和你的产品表示认同，并愿意为你付费买单。

找到合适的平台，
通过社交媒体实现流量变现

除了通过私域流量变现，我们也可以依靠社交媒体平台去做一些公域流量的变现。私域与公域不同，你的朋友圈是私域，你需要通过加微信来扩大私域流量，一般人微信好友较多的话也就几千人，写一篇文章，发一条朋友圈，也就几百或者几千人看到；在公域写一篇推送文章或者做一条视频是能够被几十万、几百万甚至上千万的人看到的，其影响力和变现规模都会更大。下面我就讲一下我自己是怎样通过各大平台去变现的。

我在2015年就已投身内容行业，写出了很多百万阅读量的公众号爆款文章，因为入局早，所以见证了微信公众号这条赛道的巅峰，所以我有资本和自信进入这个赛道。

于是，在很多人还没有太多地了解这个领域时，我就已经领先了别人一步，写出了很多爆款文章，被多家媒体转发。当别人想入局时，我已经有了一定的积累，还出版了《人人都能学会的刷屏文案写作技巧》，开设了写作课程，全网39.5万次播放学习量。

2018年，我意识到公众号开始触到天花板，有衰退的迹象。这时候短视频风口蠢蠢欲动，所以我在2018年毕业后加入某公司专注做短视频，在一个系统的大平台里琢磨出一套方法之后，出版了《人人都能做出爆款短视频》。

因此，从2017年初来到北京，到2020年底，我的收入已经翻了55倍。我从一个三线小镇青年走到现在成为作家，我的人生一直在选择合适的赛道：最初我选择艺考考上大学，后来我选择写文章进入新媒体赛道，在新媒体领域成名后我选择了高客单价的商业内容赛道，再后来我开始进军短视频，进入公域流量变现的赛道。

如果你也想跨越阶级，成为一个高速成长的人，你一定要想尽各种办法、竭尽全力地加入当前的自媒体新赛道里，保持自己的成长速度。

社交媒体平台很多，应该如何选择呢？首先需要了解的是不同平台的特点以及其变现的方式。

公众号

很多人说公众号已经进入到一个非常饱和的时期了，确实如此，如果现在你想在公众号从零开始做一篇爆款是非常难的，即使做起来了也很难有长期的延续，因为公众号不缺乏大V。但是，如果你要做自媒体领域，我依旧建议你有一个自己的公众号，别人不管从哪个平台了解到你，都可以引导他们关注你的公众号，再从公众号加到微信，把它当作私域和公域之间的连接，我们不追求在这里写爆款，更多的是转化用户，让他们愿意为你付费。

短视频平台

大量的博主在短视频平台通过广告、直播、带货等创造收益，实现财富增长。部分短视频平台目前也在做团购、心动外卖等，各个城市也在开始推广，如果你能抓住某一波红利，会获得非常可观的收入。另外，部分短视频平台还开设了相应账号和栏目，教你如何赚钱、如何做知识付费。

视频号

视频号在2020年开始发力，它基于微信的算法和社交推荐机制，特点是朋友点赞能够被朋友的朋友看到。如果你的私域有足够多支持你的用户，且你的内容又做得好，也是能够在小范围传播开的。视频号和抖音一样，也可以靠广告和直播变现。另外，因为视频号可以添加公众号的链接，你也可以接公众号的广告，用户可以通过文章加到你的微信，所以视频号也可以完成公域流量到私域流量的转化。

了解完平台的特点和变现模式，你也需要了解自身能力以选择合适的平台。

能力自测		
你有什么擅长的领域		
图文类	你擅长什么类型的写作？长文还是短文？	
	你是否擅长修图？能否把图片上传至公众号？	
视频类	你是否擅长演讲和沟通？	
	你是否擅长配音？	
	你是否擅长剪辑？	
时间投入与收入预期	你每个月可以在媒体平台投入多长时间？	
	你希望每个月通过媒体平台获得多少收益？	

选择好平台后，如果希望能快地获取流量完成变现，需要做的就是持续有效地输出爆款内容以获取流量。爆款本身意味着巨大的流量，在这个互联网时代，真实流量就意味着财富。好的内容能带来粉丝量的大量增长，这是所有变现模式的基础，流量变现通常分为两个途径：广告收入和客户转化。

通过广告获取收益是大部分博主选择的变现途径，你不需要产品，通过广告合作就能获得收益。但大都是有门槛的，需要有一定的粉丝基础。

广告合作分为很多种，第一种是单条作品固定收益，接一条广告定价多少钱，这种情况下你不用过多考虑该作品的最终数据；第二种是根据曝光度决定支付费用，你的收益与作品数据或点击量直接挂钩，也就是说，越多的人阅读、点赞，你就可以获得越多的收益；第三种是广告带货，在作品中挂有商品链接，订单成交量决定你的收益。

客户转化适合本身拥有产品的创作者。通过不断打造爆款内容获取粉丝和关注度，并提升粉丝信任度和黏性，最终让粉丝愿意为你付费。这类变现模式通常以知识类或者技能类博主为主，如果你属于这一类人，可以通过爆款打造去不断输出你的内容获取粉丝，最终将一部分粉丝转化为付费用户。

这两种变现途径，无论是视频类还是图文类的爆款内容都是适用的，本质上也都是通过爆款为自己和合作方获取客户以获得直接或间接收益，故不作分类赘述。

讲完变现模式，下面来解决如何打造爆款内容的问题。大部分人在发布内容的时候，其实内心都会觉得自己的作品有可能火，人人都希望打造出爆款内容，但输出的方式却是杂乱无章的。我把爆款内容的打造总结为以下几个关键词：寻找、拆解、创作、复盘。

一、寻找对标账号与爆款内容

首先是寻找自己的个人定位。你要清楚的是你在做什么，框定一个大的范围，是情感类、教育类、成长类、游戏类或是技能类等，在大的范围下寻找最合适的细分领域和个人风格，比如在成长类下有认知、思维、习惯培养、效率提升等小的方向。

确定好自己的定位后就可以开始寻找爆款。最快捷的方式就是在对应平台搜索关键词，我们可以从行业、职业、角色、内容多个维度寻找。比如我专注于新媒体内容营销，就会先搜索"互联网、新媒体"等行业维度的关键词；然后进一步搜索"运营、视频编导"等职业维度的关键词；根据我的身份特征，我还会搜索"讲师、顾问"；最后在内容维度我会搜索"爆款文章""爆款产品""爆款营销""爆款短视频"等。在平台搜索框内输入对应关键词，弹出来的通常就是头部博主或者爆款内容。

另外，你可以通过一些数据分析平台去寻找对标账号，搜索目标通常为以下几种类型的账号：

· 头部竞品账号：是指在某一个领域内长期处于前列的账号，他们的作品爆款率较高且有领域代表性。

· 领域内排名相近账号：是指内容领域、排名与你相近的账号。

· 垂直数据异常账号：垂类数据表现突然异常的账号同样需要关注，找到这部分账号，分析它是如何在一个垂类内容领域突然火了的，是因为某条爆款视频，还是官方的流量扶持等。

这些账号的爆款内容是最值得拆解的，其中的爆款因素可以直接应用到你的作品中。

同时，在此类数据平台也可以直接搜索话题去寻找对应的爆款作品，寻找方式通常取决于你的创作方式。比如你确定了个人定位却不知道做什么内容，你就可以搜索相关账号；或是你有想做的话题或者内容但不知道如何呈现，就可以直接搜索相关爆款。

但无论是运营平台关键词搜索还是数据平台搜索，我们要分析的归根结底还是爆款内容，定位的确定和对标账号的寻找都是为了更加精准地寻找到你需要的爆款内容。

二、拆解爆款，寻找逻辑与共性

爆款内容通常分为图文与视频两大类，其对应的平台也有所不同。像前面讲到的内容，微博、知乎、小红书等平台通常以图文类为主，而抖音、视频号等则以视频类为主，不同类型的内容分析逻辑也是完全不同的。

图文类

对于图文类的爆款内容，我们首先要分析的是文章的观点和主题，这是很重要的爆款因素，从中能找到读者对哪一类的内容更加感兴趣。同时也要关注文章结构，行文逻辑和结构是作者的功底所在，也是如何把内容表达清晰的关键。

然后要拆解案例，无论什么类型的文章，其说服力往往来自合适的案例。分析爆款文章的案例选择，最后在自己的文章中进行对比替换。比如原作者叙述的是一个朋友艰辛的求职历程，因而刺激到了很多读者痛点，你就可以在你的朋友里寻找是否有相似的人，用相近的故事展现相似的痛点。

文章中的金句也是值得重点关注的部分，这些往往是最戳人痛点或者最能引起共鸣的句子，有时候金句能带火一篇文章，你可以在拆解图文类爆款内容的过程中分析金句之间的共性，并尝试在自己的作品中写出金句。

视频类

视频类爆款拆解可以用一个黄金公式：黄金3秒+2~5个评论点+互动式结尾。

黄金3秒：你需要在视频的前三秒抓住用户眼球让他继续停留。现在是短视频时代，对内容的切换成本很低，也就是说用户从一个内容到另一个内容非常容易。以某知名账号为例，它的视频前三秒往往以非常夸张的表情和激烈的言语去吸引眼球，或是会抛出一个争议很大的话题，对于开头吸引力的打造是做得很好的。

2~5个评论点：评论点分两类，一类是内容本身的评论点，或是引起共鸣，或是引起争议。另一类是拍摄方面的评论点，比如扣子系歪了，后面的路人亮了。不管是从哪个角度，只要能引发用户评论欲望的，都会是内容的爆款因素。有些博主在拍摄视频的过程中故意把书拿倒，但最后数据很不错。因为这个细节会引发大量讨论，这对于作品在平台的转发来说是很有利的。所以，评论区是不能放过的地方，高赞评论往往对应的就是这个视频的评论点，也是最吸引用户的地方。

互动式结尾：通过特定的语言、手势、动作等去引导用户关注、点赞、评论和收藏，这是直接影响作品数据的，所以说，好的结尾可以极大程度地提高作品成为爆款的可能性，也是很容易学习、复制的。

根据黄金公式，我们在拆解爆款视频的时候就是有逻辑可循的，从开头、议论点、结尾分别进行解析。用作者视角去看爆款内容，通过他的创作逻辑去分析爆款因素。

三、根据爆款逻辑创作内容

在对一定数量的爆款内容进行拆解后，你会得出一些爆款逻辑和共性。同样，根据黄金公式去设计你的内容，加上一定的爆款因素，作品成为爆款的概率就会大很多。

另外分享我在爆款内容中总结出的十大元素：

三种情感：爱情、亲情、友情；

五种情绪：愤怒、怀旧、愧疚、暖心、爱国；

两种因素：地域和群体。

大多数的爆款内容都涵盖以上这些元素，它们相互组合、交叉就可以诞生新的爆款。

四、复盘数据，优化创作方向

很多人的视频创作都处于一种"自嗨"的状态，花了很大工夫整出了一个制作精美、设计严谨的作品，但数据其实并不好看。世界上没有完全相同的视角，你认为、你喜欢的，可能对别人来说毫无吸引力，那是基于你个人喜欢和你个人价值观的判断，那是个性的东西。内容做出来不是给自己看的，呈现的对象是用户。我一直认为，用户数据的反馈是最客观、真实的参考，这是从大量用户中归结的共性的东西。所以在作品发布后，你可以通过复盘作品数据分析缘由，以调整你的创作方向。

这四个步骤会形成一个完整的闭环，你需要在不断的重复尝试中优化你的创作逻辑，最终形成在爆款内容方面的一套操作系统，这会大大提高你作品成为爆款的可能性，更迅速地获取流量，实现财富增长。

本篇总结

私域的内容曝光度和影响力都有限，相比之下，公域流量拥有更大的变现规模，同时也可以将公域流量转化为私域流量。

社交媒体平台的特点与变现模式都不尽相同，我们需要根据自己的能力、时间投入与预期收入去选择合适的平台。

要想在社交媒体平台获取公域流量，离不开爆款内容的打造。

打造爆款内容的最终目的是为了流量变现实现财富增长，变现途径分为广告收入和客户转化两个方面，可以根据个人定位的不同选择合适的变现方式。

打造爆款内容有一定的模式可循：

寻找对标账号与爆款内容；

拆解爆款，寻找逻辑与共性；

根据爆款逻辑创作内容；

复盘数据，优化创作方向。

PART 5

3招规避潜在风险，牢牢守住你的小金库

提前花小钱，
省掉潜在的大笔支出

在大部分人的传统意识里，体检好像是身体出现问题后才需要做的事。他们在谈到体检的时候都表示很抗拒："我一个青壮年，健健康康，正是身体最好的时候，做什么体检啊？咒自己得病啊？！"

然而，一个家庭里的青壮年往往都是这个家庭的主心骨，上有老下有小，一家人都要靠着青年劳力的薪资生活下去。假如，我是说假如，假如某天这个青壮年劳力突发了重大疾病，或者发生了一些意外，家庭支柱轰然倒塌的那一刻，这个家庭要如何继续支撑下去呢？

当今高强度的工作、不够规律的作息和多油多糖的饮食习惯，都在导致重大疾病的发生率不断提高。虽然体检并不能让一个人避开这些疾病、一直保持健康，但它能够做到在身体出现问题时及时发现，尽早治疗。要知道，百分之九十的癌症在早期都有着极高的治愈率。换句话说，在没办法避免患癌的情况下，定期体检能让患者尽早发现癌变的病灶，在癌细胞没有扩散到全身的时候及时就医治疗，避免发现患病时却已无力回天。

那么，具体应该怎么体检呢？

第一，你需要正规体检。

不要去路边遇到的一些小广告里的体检机构，不要相信一些太便宜的体检套餐，也不要迷信"高端体检"越贵越好。我一般会到公立医院或者非常大型的具有公信力的专业体检机构体检，哪怕费用贵一点儿，挂号排队时间长一点儿，我也愿意，因为在这里体检可以保证结果准确，不会误诊，也不会因此而让你花费更多的钱。

第二，你需要定期体检。

一次体检只能说明你当前阶段是健康的，并不能保障你接下来几年的身体都不会出现问题，所以体检的频率应该至少一年一次，每年保持定期的体检。

一般来说，在20~39岁之间的人被认为身体素质相对较好，处于这个年龄段且身体健康的人可以选择每一年到一年半进行一次全面的体检；40~60岁的健康/亚健康人群可以每年进行一次全面体检，如果此年龄段有慢性疾病，则需要稍微提高体检频次，一年体检两次，且尤其需要着重观察慢性病的相关数据指标是否有异常；60岁以上的人群，如果有条件，建议一年做两到三次体检，且至少有一次全面体检。

体检周期参考		
年龄段	健康状况	体检频次
20～40岁	健康/亚健康	每年一次或三年两次，全面体检
40～60岁	健康/亚健康	每年一次全面体检
40～60岁	慢性疾病患者	每年两次体检，重点关注慢性病相关指标是否异常
60岁以上	健康/亚健康	每年两次到三次体检，且至少有一次全面体检
60岁以上	慢性疾病患者	每年三次体检，重点关注慢性病相关指标是否异常
常见慢性疾病包括但不限于：冠心病、心绞痛、高血压、高血脂、哮喘、糖尿病、骨质疏松、慢性乙肝、脂肪肝、慢性湿疹、痛风等。		

第三，你需要全面体检和针对性体检。

入职体检、免费体检、单位体检都不能算是合格的体检，因为这些体检项目都比较基础，你不能通过这些体检项目和结果准确判断自己的身体健康情况，有些癌症、慢性病需要更有针对性的项目检查，有一些疾病早期没有明显症状，但一旦患上就会有严重的后果。甚至，你还需要根据家庭的遗传病史来做特定项目的体检。而且随着年龄的增长，人患上某些疾病的概率也在不断增加。

男性一般需要重点检查肺、肝、胃、肾、甲状腺等部位，尤其是有抽烟、喝酒习惯的人；女性需要定期的妇科体检，如乳腺、宫颈、子宫、卵巢等项目。

下面，我结合美国梅奥医学中心提供的定期健康体检目录，整理了一份体检清单，供参考。

适用人群	体检项目	周期频次
全部人群（健康/亚健康）	牙齿检查	从一岁起，每年至少一次
	视力检查	从三岁起，每1～2年可检查一次
	血压检查	十岁起，至少每2年查一次
	胆固醇检查	40岁前，每2～3年一次；40岁后，每2年做一次
	肺功能检查	
	肝功能检查	
	心脏功能检查	
	血常规检查	
	……	
男性	膀胱检查	
	前列腺检查	
女性	乳腺检查	
	宫颈检查	

体检之后，我们能够较为清晰地了解自己的身体情况，发现自己的问题。前面也提到了，我们不该等疾病来了才去体检、看病，而是在我们健康的时候提前并定期地去体检，了解自己的身体现状，去看看自己的身体目前有什么隐患，然后针对这些隐患提前做出相应的预防对策。

因此，所谓通过体检规避风险，真相是：当你健康时，通过逐步改变陋习，提早预防常见的疾病发生及恶化，而不是等到疾病真正发生甚至恶化时才后悔。提前花费小钱和花小部分精力改变陋习养成良好的习惯是最好的投资。

之前我去医院体检查出了自己有胆囊息肉，当时我很紧张，因为不了解这个病，所以担心病情很严重，医生问我多久没吃早饭了，我开玩笑说："我坚持了十年不吃早饭。"医生完全不理会我的玩笑："你坚持这个坏毛病，胆囊能不出现问题吗？你们现在的这些年轻人太不爱护自己的身体了。记住，早饭一定要吃，因为胆囊会在早上的时候分泌胆汁，帮助消化食物，如果你早上不吃饭，肚子空空的，胆囊为了不被分泌出来的胆汁所侵蚀，只能发生增殖，长出一块肉，来保护自己。"

我听后恍然大悟，从那次之后，我开始重视吃早餐，不管吃什么，一定会吃点什么东西，不让肚子空着。

所以，我们是可以提前花一些钱和改变一些日常的坏习惯来预防疾病的。那么，如何提早培养这个意识和习惯呢？

第一：找到病因。

前面提到了，不要等到有病了才去体检，我们应该定期去体检，通过体检，充分了解自己现在的健康隐患和一些常见的疾病的病因，去做一些预防和解决。比如肺癌，它的发病率和死亡率一直居高不下，它的发病诱因有很多，最常见的就是经常性吸烟和吸二手烟、熬夜、室内不常通风、出门防护不到位等。通过找到这些疾病的病因去避免和预防，极大地去规避风险。

下面，你可以结合体检和日常的自我感知，写下你的身体症状，并分析病因，对身体来一个全方位的自测。

自测：我的身体健康吗？	
列出你现有的疾病/身心问题	病因
举例1：胃疼	不吃早饭，没有按时吃三餐
举例2：牙疼	没有早晚刷牙，没有洗牙
举例3：眼睛干涩	长时间看电子设备，用眼疲劳

自测：我的身体健康吗？	
列出你现有的疾病/身心问题	病因

第二：充分了解这些恶性疾病及其会导致的最坏结果。

只有去细致了解、感受和经历了，你才知道严重性，当你看到一些案例和身边有了相关的例子，才会去珍惜。

那我们如何去充分了解呢？我们应该每天利用碎片时间，通过新媒体或者新闻去看一些疾病发生的案例，不断告诉自己，疾病真的可怕，它是由很多恶习引起的，一定要逐步改变。如果你想要尽早改变，就像前面梦想相册说的，让你的生活无时无刻不看到这些恶习导致的恶果，督促着自己慢慢改变，以练就强壮的体格。

下面，同样根据你现有的疾病/身心问题，自查一下其最坏的结果吧。

自查：你真的了解现有疾病的最坏结果嘛？	
列出你现有的疾病/身心问题	自查一下该疾病/身心问题会导致的最坏结果
举例1：胃疼	胃溃疡、胃炎、胃癌
举例2：牙疼	牙齿提早脱落、口腔癌
举例3：眼睛干涩	结膜炎甚至失明

自查：你真的了解现有疾病的最坏结果吗？	
列出你现有的疾病/身心问题	自查一下该疾病/身心问题会导致的最坏结果

第三：从财富角度去思考得失。

从财富角度，你可以思考：假设你因为你的某个陋习而患上某个病，你需要花多少钱去治疗？如果你规避了这个疾病，你可以省下多少钱？这就相当于你直接节省了你的未来支出。所以，接着你可以思考现在可以从中省多少钱，以及你愿意拿出多少钱和精力来培养好的习惯以预防疾病。

自算：从财富角度去分析计算，关于这些疾病/身心问题，你真的有去算过这笔支出吗？		
列出你现有的疾病/身心问题	治疗需要花费多少钱？	预防需要花费多少钱？
举例1：胃疼	以胃病为例：至少花费10000+块钱 以胃癌为例：至少100000+，甚至更多，严重可能影响生命	预防：吃早餐、按时吃三餐，每日50块钱左右
举例2：牙疼	以牙周炎为例：治疗牙齿的费用，视情况严重程度1000块钱起步（我同事在正规医院刮治一次花了4000块钱）	早晚按时刷牙，买一个质量好的电动牙刷，花费300~500块钱左右，而且可以保持身体健康
举例3：眼睛干涩	以结膜炎为例：治疗费用加药品至少花费500+块钱	按时眺望远方和休息，做眼保健操，无须花费

续表

自算：从财富角度去分析计算，关于这些疾病/身心问题，你真的有去算过这笔支出吗？		
列出你现有的疾病/身心问题	治疗需要花费多少钱？	预防需要支出多少钱？

第四，改变习惯。

从此刻开始，改变你的不良习惯，有一些需要花钱，有一些不需要花钱但需要你花精力刻意练习和培养，比如运动、饮食、作息等。培养好的习惯其实是很难的，所以你也不需要严格要求自己一次性把你的所有恶习都改完，你可以逐步地改善，比如先改一半，然后再改2/3，最后再全部改完。

自改：你完全可以通过改变陋习来改善你的身心问题	
列出你现有的疾病/身心问题	可以改变什么习惯来改善现状
举例1：胃疼	吃早饭、按时吃三餐、均衡饮食
举例2：牙疼	使用电动牙刷早晚刷牙、定期洗牙、饭后漱口
举例3：眼睛干涩	定时眺望远方、做眼保健操

自改：你完全可以通过改变陋习来改善你的身心问题	
列出你现有的疾病/身心问题	可以改变什么习惯来改善现状

做完以上自测表，我们就可以将其统筹为一张大的表格，在这份体检清单里，你可以详细了解自己的身体现状、病因、最坏结果、所需花销和应改变的习惯，较为清晰地了解自己的身体情况及自己该如何改善。

体检清单：对你的身体状况更加清晰，掌控你的身体健康状况				
列出你现有的疾病/身心问题	自查一下该疾病/身心问题会导致的最坏结果	治疗需要花费多少钱？	预防需要花费多少钱？	可以改变什么习惯来改善现状
举例1：胃疼	胃溃疡、胃炎、胃癌	以胃病为例：至少花费10000+块钱 以胃癌为例：至少100000+，甚至更多，严重可能影响生命	预防：吃早餐、按时吃三餐，每日50块钱左右	吃早饭、按时吃三餐、均衡饮食

续表

体检清单：对你的身体状况更加清晰，掌控你的身体健康状况					
列出你现有的疾病/身心问题	自查一下该疾病/身心问题会导致的最坏结果	治疗需要花费多少钱？	预防需要花费多少钱？	可以改变什么习惯来改善现状
举例2：牙疼	牙齿提早脱落、口腔癌	以牙周炎为例：治疗牙齿费用，视情况严重程度：1000块钱起步（我同事在正规医院刮治一次花了4000块钱）	早晚按时刷牙，买一个质量好的电动牙刷，花费300~500块钱左右，而且可以保持身体健康	使用电动牙刷早晚刷牙、定期洗牙、饭后漱口
举例3：眼睛干涩	结膜炎、严重甚至失明	以结膜炎为例：治疗费用加药品至少花费500+块钱	按时眺望远方和休息，做眼保健操，无须花费。	定时眺望远方、做眼保健操

体检清单：对你的身体状况更加清晰，掌控你的身体健康状况				
列出你现有的疾病/身心问题	自查一下该疾病/身心问题会导致的最坏结果	治疗需要花费多少钱？	预防需要花费多少钱？	可以改变什么习惯来改善现状

本篇总结

1.怎么体检？第一，你需要正规体检；第二，你需要定期体检；第三，你需要全面体检和针对性体检。

2.真正地规避风险：当你健康时，通过逐步改变陋习提早预防常见的疾病发生及恶化，而不是等到疾病真正发生甚至恶化时才后悔。提前花费小钱和花小部分精力改变陋习养成良好的习惯是最好的投资。

3.规避风险的方法：第一，找到病因；第二，充分了解这些恶性疾病和其会导致的最坏结果；第三，从财富角度去思考得失；第四，改变习惯。

4.制作自己的体检清单：通过"自测、自查、自算、自改"四个维度，建立自己的体检清单，对你的身体情况更加了解，掌控你的身体健康状况。

重视疾病预防，及时改变危害你健康的坏习惯

我发现，在这个快节奏、很"内卷"又想"躺平"的时代，很多人并不关心自己的身体健康。我们常说身体是革命的本钱，但大部分人往往是等身体真正出现问题了才会意识到这一点，当身体恢复正常后，又会继续以前的生活恶习，回到原来的"舒适区"，并不能真正地做出有利于身体健康的改变。

在体检之后，你会发现有很多小病是可以日常避免的。我们在花时间赚钱积累财富的同时，也要抽出时间、精力去增加我们身体健康的"财富"，因为身体是我们财富的"发动机"，身体养好，才能赚更多钱。

下面是几种常见疾病，都是我自己或朋友亲身经历的，希望能够引起大家足够的重视，重视起我们的身体健康状况。你可以在每一份自测表中自我诊断，如有相似情况一定要提前治疗和预防。

常见疾病一：口腔疾病

世界卫生组织将口腔健康列为人体健康的十大标准之一。口腔健康的标准是"牙齿清洁、无龋洞、无疼痛感、牙龈颜色正常、无出血现象"。

仔细想想，我的口腔貌似没有达到健康的标准。

我小时候完全不重视牙齿及口腔健康，认为自己年轻，身体非常好，没有意识到牙齿很重要，也没有了解到正确的刷牙习惯。但是近几年，我经常出现牙疼的问题，每次疼起来都睡不着觉，当牙齿触碰到痛感神经，那交叉所产生的痛感开始让我后悔，为什么不早点爱护牙齿。

有一次，我的智齿疼得实在受不了了，预约了口腔医生拔智齿，当时拍了一个片子，医生严肃地对我说："你不光智齿有问题，其他的牙和牙龈都有问题。"于是在医生的指导下，我拔了那颗智齿，对口腔做了一次全面的治疗。

治疗结束后，我的牙齿总算是得到了较好的恢复，但是这件事让我深刻意识到这是个严重的问题，如果再不注意，我的牙齿可能需要花更多的钱去治疗。于是我问医生："我这牙之后该怎么保护啊？"

医生说："你先好好每天刷牙吧，再买一个电动牙刷，别买太便宜的，买贵点的。"然后医生教给了我一些正确的刷牙方法。

回家后，我在网上买了一个电动牙刷，每天按照医生教给我的正确的刷牙法刷牙。以前我用的都是普通牙刷，自从开始用电动牙刷之后，确实产生了很不一样的效果，因为电动牙刷相对于普通牙刷来说，对于清洁牙齿更有优势和保障。

有研究表明：电动牙刷比手动牙刷能多清除近40%的菌斑。

电动牙刷是根据震动清洁，可以保持稳定的震动频率来清洁牙龈污垢和残渣。反观普通牙刷，人为力度常常不稳定，会有污垢无法被有效地清理。所以在我使用电动牙刷按照正确的刷牙方法坚持一段时间后，口腔状况确实有了一些改善，但还会稍有疼痛感，以及还存在一些顽固的牙垢。

于是我又去医院问医生，医生说："刷牙只能解决你70%的牙龈问题，但不能解决你所有的问题。"于是他又推荐我买冲牙器，定期洗牙。我半信半疑，同时又咨询了几个牙科朋友，他们同样推荐我使用冲牙器。

冲牙器在一定程度上可以帮助我们很好地清除牙缝中的食物残渣、细菌等；冲牙器的脉冲水流可以帮我们按摩牙龈、促进牙龈的血液循环、缓解牙痛等，还可以避免食物堆积出现牙结石。

在规律使用冲牙器的同时，我也养成了每半年去口腔医院洗牙的习惯，定期去洗牙就相当于给牙齿做一个定期的体检，可以较早地发现牙齿问题，预防口腔疾病，可以治疗因牙垢、菌斑、牙结石引起的口臭和牙出血，同时可以预防牙周炎，防止牙齿脱落。

在被牙疼折磨过一番后，我意识到了问题的严重性，这之后我看似花了很多精力和钱去治疗和预防，但它们帮我养成了良好的习惯，预防更严重的口腔疾病的发生，这反而给我省下了一大笔钱。而如果我真的放任牙齿糟糕的状态不管，等到牙齿出现不可逆的状态，必须拔牙、镶牙的时候，那就得不偿失了。

此外，常见的口腔疾病还有牙龈炎、牙周炎、口腔癌等。以牙周炎为例，它是一种局部因素引起的牙周支持组织的慢性炎症，由于早期多无明显症状而易被忽视，待有症状时已较严重：牙床萎缩，牙齿松动。它不仅耗费财力，简单治疗一次得花几千至几万块，而且极其影响健康，所以我们需要提前预防，花必要的钱去对牙齿做体检，提早做一些力所能及的预防。

常见疾病一：口腔疾病预防自测	
自测问题	我的回答
你有了解过正确的方法刷牙吗？	
你在用什么牙刷刷牙，电动牙刷还是普通牙刷？	
你的刷牙频率是多少？早晚都刷牙吗？	
你饭后有漱口的习惯吗？	
你是否有购买冲牙器？	
你有定期洗牙吗？	

常见疾病二：鼻炎

除了口腔问题之外，还有一个非常常见的病是鼻炎。根据数据调查显示：中国鼻炎患者有3亿人，我国的鼻炎发病率已高达37%。折算下来，平均10个人中，最多会有4个人患有鼻炎。

鼻炎是发生在鼻黏膜的变态反应性疾病，以鼻痒、阵发性喷嚏、大量水样鼻涕和鼻塞为主要特征。它主要由环境因素以及一些过敏原引起。

我就深切感受着患鼻炎的痛苦。尤其是换季时，鼻子特别敏感，当鼻涕堵塞鼻子时，呼吸特别不通顺，睡觉时也会开始打呼噜，甚至还会导致缺氧性头疼。

那我们该怎么预防鼻炎的发生，对于有鼻炎的人又该怎么减轻症状呢？

第一，注意饮食，少吃油炸、辛辣等的食品。

很多人喜欢吃油炸食品和辛辣食品，我也不例外，但其实这些食品在人类的新陈代谢中极易产生某些物质，对于敏感体质的人来说更容易引起鼻子过敏。同时，也要注意多喝热水，少吃寒凉食物，因为低温会促使呼吸道过敏的反应加强。

第二，尽早戒烟和注意室外防护。

大家都知道吸烟有害健康，烟里的一些物质，如尼古丁和焦油，对鼻子的刺激很大，尤其是烟随鼻出，长久以往，鼻子更容易受刺激，更不要说烟中的物质是直接致癌物了。除此之外，我们也要尽量避免吸二手烟。

第三，室外注意防护。

在室外，我们的鼻子会更加敏感。对于外界的粉尘、花粉、烟尘等，我们应尽量避免，在室外戴好口罩，保护好鼻子，使鼻子免受太多刺激。尤其在季节交替以及花粉季等空气中刺激物过多时，更要多注意防护。

第四，注意自身保暖。

我们回想一下是否有过这种感觉：突然来一股凉风，鼻子总会不自觉打喷嚏。那是因为鼻子感受到了温差的刺激，所以一定要注意保暖，尽量少出没温差较大的场所，一冷一热对鼻子的刺激也非常大。

第五，定期洗鼻。

我前一阵子就购置了洗鼻器，对我的鼻腔进行定期清理，这让我感觉呼吸瞬间通畅多了，它的原理是：借助生理盐水自身的杀菌作用及水流的冲击力，将鼻腔内已聚集的致病菌及污垢排出，从而使鼻腔恢复正常的生理环境。

第六，鼻内出现异样的话，尽早治疗。

如果你经常打喷嚏，然后出现持续性的鼻子疼、不舒服，那可能是鼻内出现急性炎症，应尽早就医治疗。

常见疾病二：鼻炎自测	
自测问题	我的回答
你患有鼻炎吗？	
你在室外有注意对鼻子的防护吗？比如戴口罩？	
你有购置关于鼻子健康的产品吗？	
你是否有不良的生活习惯？如熬夜、吸烟、饮食不规律等？	

常见疾病三：肺病

肺部问题也是常见的疾病，如肺炎、肺癌等。

众所周知，"吸烟有害健康"，吸烟是导致很多呼吸道疾病的罪魁祸首，容易诱发肺癌。虽然知道吸烟是有害健康的，但还是有很多人有瘾、戒不掉，这应该是很多"烟瘾大户"的通病吧。

我年轻时候不懂事，觉得抽烟很帅，于是盲目效仿。后来，抽烟导致我出现经常性的咳嗽、身体不舒服。在一个寒冷的夜晚，我加班后走在大马路上，寒风刮过，我身心疲惫，压力很大，想着抽支烟缓解压力，但我在这时却突然咳嗽起来，我猛然意识到，可能正是吸烟导致我的身体产生了咳嗽、疲惫等一系列异样，我不能再继续让它恶性循环下去了。于是，在这个念头的支撑下，我逐渐戒掉了烟。

我是怎么戒掉烟的？和大家分享一下我的心路历程：

第一，把长期吸烟者的肺的照片换成手机屏保，照片打印出来贴在床头，我时刻告诉自己，如果再继续吸烟，我的肺就会变成照片中那样。

第二，我搜集了很多吸烟有害健康甚至导致死亡的新闻。当我每次一想要吸烟的时候，我就会看那些因肺癌死亡的新闻，每看一眼我就不会再想吸烟了。因为我们都是普通人，在疾病面前没有谁是特殊的，不要总认为自己眼下没事就万事大吉，如果不珍惜生命，凭什么能保证这些疾病不会发生在自己身上呢？

第三，算账。算算一盒烟多少钱、抽一个月的烟要花多少钱，这些钱等于多少小时的生命。通过换算，让自己珍惜生命，减少烟草方面的消费。

第四，渐进地戒烟。一口气全戒掉确实很难，那就一点一点地戒，从一天抽两盒变成一天抽一盒，再变成一天抽半盒或几根，最后完全戒掉。

常见疾病三：肺病自测	
自测问题	我的回答
你是否吸烟？如果是，你的烟龄几年？是否想要戒烟？	
如果是，你是否意识到了吸烟的危害？	
如果是，你是否有去查看吸烟导致严重疾病甚至死亡的新闻和相关信息？	
在室外你是否有注意防护？	

常见疾病四：胃病

胃病也是让很多人感到头疼的病。很多人因为不吃早饭，或者总是长期吃冷食、吃饭不规律、过度饮酒等的不良生活习惯，导致了胃病，尤其是过度饮酒和呕吐，这是非常伤胃的。

我以前也喝酒，但后来我发现喝酒其实是一件很难受的事情，每次喝完酒之后我都会醉得不省人事。当我下定决心要戒掉酒瘾时，我让我的朋友给我录了一段我醉酒状态下的视频，视频里，他们在旁边边录边哈哈大笑。第二天等我酒醒之后，他们把视频发给我，我才知道原来醉酒之后的我是那种不堪而难受的状态。

喝酒并不能让我开心。虽然在酒局中有那一时的尽兴，可其后是一个阶段性痛苦的过程。也正是因为没有很多正反馈，同时看到了自己那不堪而难受的状态，我养成了规律饮食，推掉了一些无用的酒局，即使入局也不再过量饮酒。

那我们该如何预防胃病？

胃病的起因大多源于我们的不规律饮食，要么不吃，要么增加消夜解馋。我们的胃也是需要呵护的，适量、规律、按时饮食，避免过度饮酒，让它在该工作时工作，该休息时休息，你对它好，它才会对你好。

常见疾病四：胃病自测	
自测问题	我的回答
你是否有每天吃早饭？	
你有按时吃饭吗？	
你有均衡饮食吗？你是否有长期节食和暴饮暴食等不良的习惯？	
你饮酒的频率是多少？一周几次或者一月几次？	
你经常性过度饮酒吗？	

以上的常见病，我和我的朋友们深有体会，这也开始让我们有所注意，并且开始养成一些良好的习惯。通过以往的一些经历以及感受过这些疾病的痛苦后，我们深刻地意识到，健康是第一位的，没有健康的身体，你创造的财富根本没法有很好的保障。

在养成良好的习惯的同时，抽出时间，立刻开始运动，这会让你的身体更有保障。

运动可以帮助我们培养出健壮的体格，让疾病远离我们。

我们明知道运动对我们来说很重要，却总是以各种理由不愿意抽时间运动。

偶尔的，当我们被疾病的痛苦或被某种环境刺激到，想起运动时，就心血来潮地办张健身卡，然后买一套运动装，再买运动鞋，再买瑜伽垫结果一整套流程完成之后，却迟迟没有开始运动或仅维持了几天。

这种现象在年轻人中还是非常常见的。为什么我们迟迟不肯运动？大抵有以下三个原因：

1.觉得去健身房锻炼才叫运动。

我们天生有惰性，当需要运动时，你要做很多准备：在家里铺运动垫，很麻烦；要去跑步，你需要换一套运动衣和一双跑步鞋，出门后你要计划是去附近的公园还是去15分钟外的体育场，如果去体育馆似乎距离又有点远……总之，你会被各种因素困扰着，总感觉锻炼很麻烦，而且可能没多大效果。所以，总觉得只有去健身房有配套和系统的锻炼才叫锻炼。

2.觉得自己忙，根本抽不出时间。

你每天工作忙碌，可能还要照顾家庭，根本抽不出时间运动。下班后，回到家已经9点了，此时的你只想休息，不想把时间留给运动，在你看来，运动是一个任务，有这个时间还不如瘫在床上休息。

3.明知道运动很重要，但却一直拖延，没去行动。

对，你明知道运动很重要，却总是不开始行动，可能是你没从运动中获得太多正反馈，甚至对于现在的你来讲，健不健身、运不运动并不是很大的痛点，因为运动对于现在的你来说，没有太多必要，即使现在不运动，也一时半会儿不会影响你的健康和身材，所以你更愿意把时间放在社交和娱乐上面。

《了不起的我》中提到："改变的本质是创造新经验，用新经验来代替旧经验的过程。"在原有的基础上，将新经验和旧经验做比较，然后发生改变和行动，是最好的办法。

我是怎么开始运动的呢，和大家分享一下我的故事。

以一周为周期，周一、周三、周五该干什么就干什么，周二、周四、周六早上起床后抽一点时间在家锻炼，按照这个计划执行，到点就提醒自己运动，并让运动这件事足够简单。当你觉得忙，没有时间，那你就和自己说："我就抽出五分钟的时间去做一个简单的拉伸运动，或者去跑一千米。"当我们觉得这件事简单，我们就会比较容易去接受和开始做。之后我慢慢开始养成每周至少锻炼三次的习惯，逐步把运动放进了我的生活。

其实我们每天抽出一点时间，把运动这件事想成是很简单的一件生活中的小事，我们就会愿意行动起来，随之慢慢增加运动量。不用准备充分、准备完美了才去做，你不用去健身房办完卡才能开始运动，在家买一个运动垫、有一面墙就可以开始你的运动了。

再者，没有意识到健康的重要性，往往是因为我们没有经历过病痛的折磨。所谓"只有吃过苦头，摔过跟头才知道"。对于病痛，我们要提前预防，用运动加码健康才能更好地抵抗疾病带来的风险。

下面，大家可以根据自己的运动习惯，做一下运动自测表来梳理一下自己的运动情况。

运动习惯自测表	
自测问题	我的回答
你是否有运动习惯？	
如果是，你的运动频率是多少？	
如果是，你的运动时长是多少？	
如果是，你是去健身房运动还是居家运动？	
如果否，你因为什么原因没有运动？	
如果否，你是否意识到了运动的重要性？	

就像前文提到过的，很多疾病都是由于日常的不良习惯导致的，我们可以通过养成良好的习惯去改掉一些危害健康的陋习，从而预防疾病的发生和保障我们的健康。下面列举了一个常见的良好习惯养成检验表。

习惯养成检验表		
类别	你希望自己今年养成什么习惯	目标检验
饮食	每天吃早饭	达成
	每天按时吃饭	达成
	不吃夜宵	偶尔未达成

续表

习惯养成检验表		
类别	你希望自己今年养成什么习惯	目标检验
运动	开始居家锻炼,每周三次	达成
运动	每周至少跑步三次,每次跑步一千米以上	未达成
其他	吃完饭漱口	达成
其他	定期体检	达成
其他	定期洗牙	达成

下面,你也可以写一份你专属的习惯养成检验表,逐步养成良好的习惯。

习惯养成检验表		
类别	你希望自己今年养成什么习惯	目标检验
饮食		
饮食		
饮食		
运动		
运动		
其他		
其他		
其他		

从以上几项我曾经历过的疾病，总结分析下来，我们总是经历了痛才知道健康很重要。其实，对于健康，我们要防患于未然；对于疾病预防，我们要制造出氛围，即在各个场景告诉自己不健康的习惯会给我们带来的风险和严重后果。

此外，我们在前面章节中讲的"资产配置"中提到过四个账户：花销账户、健康账户、保本账户、生钱账户。大家对健康账户的重视程度往往不够，这使它在日常生活中几乎没什么存在感，然而，如果你不对这个账户做一种良好的"储蓄"和"投资"，当发生不可逆转的问题时，往往其他几个账户都要为健康账户服务。

如果在行业做出了突出的贡献，在其他三个账户都做得特别突出，已经实现了财富自由，但在健康账户的投入远远不足，没有健康账户就无法享受其他账户所带来的价值。所以，重视对健康账户的投入、重视疾病的预防，是资产配置的重中之重。

根据世界卫生组织国际癌症研究机构（IARC）发布的2020年全球最新癌症负担数据显示：中国新增确诊癌症患者人数达到457万人，位居全球第一。

其中，发病率最高的十大癌症分别是：乳腺癌、肺癌、直肠癌、前列腺癌、胃癌、肝癌、宫颈癌、食管癌、甲状腺癌、膀胱癌。

在所有癌症中，肺癌的死亡率居于高位。在2019年及之前，肺癌的发病率、死亡率都位居世界第一。2020年，患肺癌的概率在新增患癌人数中排名第二。肺癌是男性发病率最高、女性发病率第二位的疾病，与吸烟、吸二手烟、空气污染、PM2.5、油烟及粉尘超标等都有很大关系。

乳腺癌成了女性发病率最高的疾病，究其原因，是因乳腺癌风险因素的不断变化，比如推迟生育、生育次数减少等。这个疾病在正经历社会和经济转型的国家中最为明显。此外，超重和缺乏运动也是造成全世界乳腺癌发病率上升的原因。不过，乳腺癌的死亡率远不及肺癌，且绝大多数发病患者为女性。

宫颈癌也是常见的妇科恶性肿瘤之一，发病率在女性恶性肿瘤中仅次于乳腺癌。

宫颈癌主要是由于HPV病毒引起，预防宫颈癌，可以注射二价或九价HPV疫苗，能降低宫颈癌及癌前病变的发生率，当然，打了疫苗也依旧建议每年检查一次身体。宫颈癌多发病于35～40岁左右，所以，尤其处于中年期的女性更应该定期做体检。

在医疗条件愈加健全的今天，癌症仍是困扰着我们健康的大问题。我们总是谈癌色变，可殊不知，癌症并不是一蹴而就的，它是由人类长久的不良的生活习惯一步步导致的，也是由常见的致癌因素导致的。

从国家癌症中心/中国医学科学院肿瘤医院赫捷院士和陈万青教授牵头发表在《柳叶刀——全球健康》中的论文显示，常见的

23种致癌因素有：

4种行为：吸烟、二手烟、饮酒、缺乏锻炼。

7种饮食因素：摄入不足（水果、蔬菜、膳食纤维、钙）；摄入过多（红肉、加工肉类制品、腌菜）。

2种代谢因素：体重超标、糖尿病。

2种环境因素：PM 2.5污染、紫外线辐射。

8种感染因素：幽门螺旋杆菌、乙肝病毒（HBV）、丙肝病毒（HCV）、人乳头状瘤病毒（HPV）、EB病毒（EBV）、人类免疫缺陷病毒（HIV）、人类疱疹病毒8型（HHV-8）、华支睾吸虫、肝吸虫。

其论文数据显示：在20岁及以上成人中，中国每年有103.6万人死于上述的23种主要致癌因素引起的各种癌症，占全部20岁及以上癌症死亡人数（约为229万人）的45.2%。但是，只要预防控制好这23种致癌因素，这103.6万人是可以避免死亡的。

对于可怕的癌症，我们不必恐慌，按照科学的方法预防是可以降低患癌风险的。

第一，我们应当根据体检情况，尽早定期做癌症筛查。以下是大家可以做的一些常见的癌症筛查，具体包括：乳腺癌筛查、宫颈癌筛查、结肠直肠癌筛查、丙型肝炎病毒筛查、艾滋病毒筛查、肺癌筛查。

癌症筛查，最重要的是先去看有没有致癌的基因，以及自己的生活习惯有没有导致癌细胞的产生，有则提早治疗，早期发现并治疗的话，是可以极高地提高生存概率的。没有的话，那我们就尽量远离那些不良的生活习惯，并且明确了解癌症的诱因，从源头上去避免。

第二，关于抽烟，能不抽烟就尽量别抽。烟中的尼古丁是直接致癌物质，各种烟的包装盒也有明显注释：吸烟有害健康，请尽早戒烟！

关于如何戒烟，我在上篇文章中分享了我自己戒烟的心路历程，大家可以仔细看看，尽早戒烟。

第三，保持良好的情绪。良好的情绪可以帮我们抵抗很多疾病，有数据调查显示，很多癌症患者在发病前一般都受过精神伤害并伴有较长时间的负面情绪。

除此之外，我们也要注意适度饮酒、控制体重、均衡膳食、加强日常的运动，强身健体。

预防各类疾病的发生可以很大程度上帮助我们规避风险，最终保障我们的财产。因此，我们一定要养成这种意识：尽早花一些必要的、能保障健康的钱和精力，提前规避风险。

本篇总结

1.几种常见疾病：口腔疾病、鼻炎、肺病、胃病，以及它们分别对应的切实有效的预防方法。

2.改变的本质是创造新经验，用新经验来代替旧经验的过程。让运动足够简单起来，先开始运动，先完成，后完美。了解运动对于健康的重要性，用运动加码健康，更好地规避疾病带来的风险。

3.四个疾病表自测：口腔疾病、鼻炎、肺病、胃病，通过自测预防疾病发生。

4.运动习惯自测表、习惯养成检验表，记录运动习惯，以帮助你逐步养成运动习惯。

5.发病率最高的十大癌症：乳腺癌、肺癌、直肠癌、前列腺癌、胃癌、肝癌、宫颈癌、食管癌、甲状腺癌、膀胱癌。

6.常见的23种致癌因素：

4种行为：吸烟、二手烟、饮酒、缺乏锻炼。

7种饮食因素：摄入不足（水果、蔬菜、膳食纤维、钙）；摄入过多（红肉、加工肉类制品、腌菜）。

2种代谢因素：体重超标、糖尿病。

2种环境因素：PM 2.5 污染、紫外线辐。

8种感染因素：幽门螺旋杆菌、乙肝病毒（HBV）、丙肝病毒（HCV）、人乳头状瘤病毒（HPV）、EB病毒（EBV）、人类免疫缺陷病毒（HIV）、人类疱疹病毒8型（HHV-8）、华支睾吸虫、肝吸虫。

7.生活中预防癌症的方法：做癌症筛查、尽早戒烟、保持良好的情绪、饮酒要适度、控制体重、均衡膳食、加强日常的运动，强身健体。

设置底线保障，最大限度地提高你的抗风险能力

保险能给一个家庭带来保障。如果一个家庭的壮年劳力突发意外，没有保险将给其带来毁灭性的后果。极端点讲，如果这个人因意外去世了，他的家庭将直接断了经济来源，谋生将变得艰难无比；如果这个人因意外残疾，需要大量的药物维持生命，这对一个平凡的家庭来说也是双重打击，家庭不仅失去了经济来源，其他家庭成员还会因为救治亲人而承担高昂的医疗费用。而如果有了保险，这个难题会在一定程度上有所减轻。

不管是重疾险还是意外险，符合条件都是能够申请理赔的，这笔保险金足够让一个家庭缓解燃眉之急，让他们在巨大的经济压力下喘口气，再想新的办法维持生活。

购置适合的保险相当于你把未来的钱花在当下，让这些钱摊平你未来遇到风险时的成本，它们是必不可少的投资，虽然不能做到真正的防患于未然，但能在意外真的到来时很大程度上缓解伴随意

外而来的沉重的负面影响。

现如今,市场上花样百出的保险产品常常令新手头痛不已,想要花最值的钱来保障自己,就需要考虑好自己到底都需要哪些保障来增强自己的抗风险能力。

买消费险,不要买储蓄险。消费险的意思是,你的钱给了保险公司就算花出去了,过了理赔期后不会再返还;储蓄险就是你现在交钱,在约定期满后会把钱返回给你。

很多老年人会更喜欢买储蓄险,他们觉得买这种保险的话,自己交了钱最终还能拿回来。但事实是,储蓄险是一种收益率极低的险种,它的年化收益率可能都不如银行高。

下图是某公众号保险测评。我们以两种保险为例,返还型即储蓄型保险是每年缴纳费用,到70岁能返还4.5万,而产品B的消费型产品缴纳到70岁不返还,两者价格相差1000块左右。

如果一个人现在正好30岁,若发生重大疾病,那么两种保险都可以给他带来保障。如果他一生能平安活到70岁,那他购买返还型保险的话,每年需缴纳2190块保费,20年下来需要花43800块,到了70岁他可以返得45000块,实际上只赚了45000–43800=1200块钱。我们将这笔钱作为投资计算,每年收益1200/40=30块,回报率极低,甚至还跑不过通胀率。

如果选择购买消费型保险,他就能花更少的钱享受保障,剩下的每个月省下的近1000块钱拿来投资理财可以带来稳健收益。因此，不要用理财的心态来买储蓄型/返还型保险，消费型保险价格更实惠，性价比更高。

<table>
<tr><th colspan="4">返还型重疾PK消费型重疾</th></tr>
<tr><td colspan="2">产品名称</td><td>A</td><td>B</td></tr>
<tr><td rowspan="3">投保规则</td><td>产品类型</td><td>返还型</td><td>消费性</td></tr>
<tr><td>保障期限</td><td>至70岁</td><td>至70岁</td></tr>
<tr><td>投保年龄</td><td>18-50岁</td><td>0-55岁</td></tr>
<tr><td rowspan="2">重症</td><td>重症种类</td><td>120种</td><td>110种</td></tr>
<tr><td>重疾赔付</td><td>10万</td><td>10万（前15年，额外赔付5万）</td></tr>
<tr><td rowspan="2">轻症</td><td>轻症种类</td><td>60种</td><td>40种</td></tr>
<tr><td>轻疾赔付</td><td>2万/3次</td><td>4-5万/3次</td></tr>
<tr><td rowspan="3">中症</td><td>中症种类</td><td>/</td><td>25种</td></tr>
<tr><td>中疾赔付</td><td>/</td><td>5-6万/3次</td></tr>
<tr><td>身故保额</td><td>1.2—1.6倍已交保费</td><td>10万（前15年，额外赔付5万）</td></tr>
<tr><td>其他</td><td>被保人豁免</td><td>/</td><td>轻症/中症</td></tr>
<tr><td rowspan="4">保费测算</td><td colspan="3">10万保额，20年交</td></tr>
<tr><td>保费返还</td><td>70岁，返4.5万</td><td>70岁不返还</td></tr>
<tr><td>30岁，男</td><td>2190</td><td>1191</td></tr>
<tr><td>30岁，女</td><td>1980</td><td>963</td></tr>
</table>

还有一点，越是在年轻时买保险，越便宜。因为我是在不到30岁就开始购买保险，所以我配齐所有险种一年也就花3000~4000块。但如果我在30岁后买保险，一年就要花6000~7000块。

如果是给家里的老人买保险，那大家选配险种即可，不必购买全险。首先，年龄大了购买保险的成本就会变高；其次，很多老人有各种疾病，这样的身体状况不允许他们购买某些险种。因此，此时根据老人的身体特点购买保险即可，条件允许的话，主配重疾险和医疗险即可。

在保险公司的选择上，大家只买大公司的保险即可。选择小公司虽然能省些钱，但在理赔时会受到很多限制，还可能发生各种意想不到的问题。而且，中国的保险行业比较好的一点是，有兜底原则。如果卖给你保险的这家公司倒闭了，还会有其他公司来继续承担你的保险服务，所以大家不用太担心有风险。

下面，我整理了一些常备保险，大多数都是我已经配置的保险。

常见的四大险种

重疾险

重疾险指的是针对重大疾病的保险。作为保险公司给大众配置的一类防范严重疾病的保险，如果被保人被确诊患有重大保险范围内的疾病，即可获取保险公司对被保人的赔付，及时帮助被保人。由保险公司经办的以特定重大疾病，如恶性肿瘤、心肌梗死、脑出血等风险发生时，保险公司会进行理赔。

我给自己配置了赔付200万的重疾险。一旦我查出来有任何重大疾病，我就能获得200万块赔付。至于这200万，如果是花钱能治的病，基本也就差不多够医疗费用了；如果是花钱都治不好的病，那我就拿着这笔钱去周游世界，尽情享受生命最后的旅程。

2021年2月1日起，重疾险必须包括以下28种重疾、3种轻症：

病种分类	第一类：确诊即赔（4种）	第二类：实施了约定手术（6种）	第三类：达到疾病约定状态（21种）
重疾新定义保障病种			
轻症	恶性肿瘤-轻度（新增）	/	较轻急性心肌梗死（新增） 轻度脑中风后遗症（新增）
重疾	恶性肿瘤-重度 严重Ⅲ度烧伤 多个肢体缺失	重大器官移植术或造血干细胞移植术 冠状动脉搭桥术 心脏瓣膜手术 严重非恶性颅内肿瘤 主动脉手术 严重溃疡性结肠炎（新增）	较重急性心肌梗死 严重脑中风后遗症 严重慢性肾衰竭 急性重症肝炎或亚急性重症肝炎 严重慢性肝衰竭 严重脑炎后遗症或严重脑膜炎后遗症 双耳失聪 双目失明 深度昏迷 瘫痪 严重原发性帕金森病 严重脑损伤 语言能力丧失 重型再生障碍性贫血 严重阿尔茨海默病 严重特发性肺动脉高压 严重运动神经元病 严重慢性呼吸衰竭（新增） 严重克罗恩病（新增）

医疗险

医疗险是指以合同约定的医疗行为的发生给付保险金，为被保险人接受诊疗期间的医疗费用支出提供保障的保险。

百万医疗险可以报销住院医疗费用，一年最高报销几百万，能够缓解被保人治病、住院的压力。而且如果你提前购买了保险，就会有专人帮你匹配好科室和大夫。我查出来胆囊息肉时需要做一个微创小手术，如果直接抢号挂号的话可能要排好久的队，但因为我买了医疗险，就可以比较轻松地挂到三甲医院的号。

意外险

意外险是指以被保险人因意外事故而导致身故、残疾或者发生保险合同约定的其他事故为给付保险金条件的人身保险。外来的、突发的、非疾病的、非本意的客观事件直接致使身体受到的伤害，即为意外伤害。凡是因为意外事故导致的身故、伤残、医疗花费，都可以理赔。

寿险

寿险一般指人寿保险。人寿保险是人身保险的一种，以被保险人的寿命为保险标的，且以被保险人的生存或死亡为给付条件的人身保险。和所有保险业务一样，被保险人将风险转嫁给保险人，接受保险人的条款并支付保险费。

四大险种的保障和作用			
险种	保障范围	作用	保额建议
重疾险	重大疾病 轻症、中症	医疗费用、康复费用、 收入损失	3-5倍年收入， 一般30万元以上
百万医疗险	疾病医疗 意外医疗	报销医疗费用	100万元以上
意外险	意外身故 意外伤残	赔偿意外身故/伤残	50万元以上
	意外医疗	报销意外医疗费用	2万元左右
寿险	疾病身故 意外身故	偿还房贷车贷、 赡养老人、抚养子女	个人年收入的10倍

车险

车险是一般指对机动车辆自然灾害或意外事故所造成的人身伤亡或财产损失负赔偿责任的一种商业保险。

车险一般分两类：机动车交通事故责任强制保险、机动车商业保险。

"机动车交通事故责任强制保险"是国家强制规定要买的保险，新车上户时是必须购买的，不然无法给你上户，不买的话也过不了年检。

但我们接触得更多的还是车的商业保险，商业保险的种类繁多，分为主险和附加险，主险包括了车损险、第三者责任险、划痕险、车上人员险、盗抢险等，附加险主要包括玻璃险、划痕险、涉水险、自燃险，不计免赔险，等等。

车险种类繁多，我们在购置时不要盲目，要选择适合的充分地给自己保障。就我来说，我刚买车时就是一个刚上路的小白，经常容易刮刮碰碰，总是去4S店，于是我购置了划痕险、车损险、第三者责任险以及车上人员险以及玻璃险等较全的保险，今年仔细算了一笔账，我每年在车上面保险投入至少花了近一万块，一年下来给我带来的保障却至少有10万块，大大降低了我的维修成本。

选择必需的和自己经常会遇到的，尽可能地给自己上较全的保险，充分地提前地保障自己，因为我深知，提前花这个钱是非常有必要的，它可以帮我抵御风险。

延误险

所谓航班延误险，是指乘客搭乘的航班因自然灾害、恶劣天气、机械故障等因素，造成的航班延误、取消等情况，保险公司对乘客进行赔偿的一种保险。

如果你经常乘坐飞机，可以购买延误险。

根据民航局发布的《2020年民航行业发展统计公报》数据显示，2020年，全国客运航空公司共执行航班352.06万班次，其中，正常航班311.64万班次，平均航班正常率为88.52%，客运航班平均延误时间为9分钟。飞机延误是常有的事，尤其受风雨天气的影响，所以，延误险相当于把你等待的时间换算成了金钱，如果没有延误险,因为航班延误在机场等待几个小时,你一定会很后悔。我经常坐飞机去深圳出差,飞机又会时不时地延误。购买延误险后,如果飞机延误,我就能赚钱;如果飞机不延误,那我也不用耽误自己的时间,所以这是一个很适合我的险种。

购买航延险时要注意对应的时间要求和标准,大部分延误险的要求是航班延误3小时以上才能进行理赔。有的还会标注航班是否取消,如果航班取消不一定能获得保障。所以,我们购买一些能保障航班取消的延误险比较靠谱。

账户险

属于财产险中的一种,这里列举一种咱们常见的保险:支付宝账户安全保险和保障。

支付宝有对应的账户安全保障和账户安全险。支付宝用户可以享受一次免费保障的机会,这是由支付宝为用户购买的保险,保费由支付宝官方承担,如若发生账户被盗,保险公司会给用户理赔一次,但这一次之后就不能再享有账户安全保障。

而支付宝账户安全保险是指:支付宝账户安全险保障支付宝账户内资金安全,保障范围包括支付宝账户(余额、快捷支付、余额宝、理财资产、花呗、借呗)因被他人盗用而导致的资金损失,支付宝账户安全险承诺赔付。

而如果你的账户资金较多,可以购买账户安全险,这相当于你自行投保的商业保险,每次保期为一年,如果你的账户被他人盗用，比如支付、余额、余额宝、理财资产、花呗、借呗等，资金损失后，可以无限次理赔，最高可赔付100万元。

下面，请你列出自己所购买的保险，自评你的抗风险能力。

险种	它能帮你对抗/解决什么问题
已购买的保险	
计划购买的保险	

本篇总结

1.购置适合的保险相当于你把未来的钱花在当下，让这些钱摊平你未来遇到风险时的成本，它们是必不可少的投资，能帮你最大限度地提高对抗风险的能力。

2.买消费险，不要买储蓄险。储蓄险是一种收益率极低的险种，它的年化收益率可能都不如银行高。

3.越在年轻时买保险越便宜，如果你还年轻，可以配齐所有险种，如果是给老人买保险，选配合适险种即可，以重疾险和医疗险为主。

4.医疗险：除了常有的基础医疗保障，还可以享受医院更好的服务权益，比如挂号更便捷、专人匹配科室等。

5.车险：包括机动车交通事故责任强制保险和机动车商业保险，一般来说，主险包括了车损险、第三者责任险、车上人员险、盗抢险等，附加险主要包括玻璃险、划痕险、涉水险、自燃险，不计免赔险等。商业车险种类繁多，我们不要盲目，要选择适合的充分地给自己保障，提前花这个钱，不要吝啬，这可以帮我们较好地抵御未知的风险。

6.延误险：大部分延误险的要求是航班延误3小时以上才能进行理赔；有的还会标注航班是否取消，如果航班取消不一定能获得保障，购买一些能保障航班取消的延误险比较靠谱；部分航延险的理赔额是300块钱，还有一些航延险的理赔额为360块钱。

7.账户险：支付宝有对应的账户安全保障和账户安全险，保期为一年，如果你的账户被他人盗用，比如支付、余额、余额宝、理财资产、花呗、借呗等，资金损失后，你可以无限次理赔，最高可赔付100万元。